Mijn nek, mijn rug

D1369084

MIJN NEK, MIJN RUG

DOOR PHILIPPE VAN KOLEN

Uitgeverij C. de Vries - Brouwers
Antwerpen   Rotterdam

© 1996 Tekst :   Philippe Van Kolen
© 1996 Illustraties :   Alain Oosterlinck
© 1996 Lay-out :   Alain Oosterlinck (C.D.P.)
© 1996 Foto's :   Wim Van Eesbeek
                     Rob ten Broeck
© 1996 van deze uitgave: Uitgeverij C. de Vries - Brouwers, Antwerpen

ISBN 90 6174 7570
D/ 1996/0189/37
Nugi 732

Trefw.: rug- & nekklachten

Alle rechten voorbehouden. Niets uit deze uitgave mag worden verveelvoudigd, opgeslagen in een geautomatiseerd gegevensbestand, of openbaar gemaakt, in enige vorm of op enige wijze, hetzij elektronisch, mechanisch, door fotokopieën, opnamen of enige andere manier, zonder voorafgaande schriftelijke toestemming van de uitgever.

VOORWOORD ————————————

Beste lezer,

Ik ben een tweeënveertigjarige man en leed reeds acht jaar aan ernstige rugpijnen. Men stelde een vernauwd ruggenmergkanaal, een bilaterale lumbo-ischialgie en een discus hernia vast. Op een dag 'kroop' ik op handen en knieën uit mijn bed en ben met heel veel moeite op mijn werk geraakt. Omdat de pijnen onhoudbaar waren, vond ik het tijd om een specialist te raadplegen.

Deze schreef mij enkele maanden bedrust voor, nadien drie epidurale injecties. Dit alles zonder enige beterschap. Het volgende was een zenuwdenervatie die ook geen succes kende. Zes weken later onderging ik een rugoperatie. Eindelijk geluk dacht ik. De pijnen en tintelingen waren weg. Mijn geluk was echter van korte duur, na enkele weken kwamen ze terug. Men zei me ermee te leren leven.

Uiteindelijk, met pijn, ben ik terug gaan werken. Kort nadien, na jaren dienst en inzet, werd ik ontslagen. Toen voelde ik me net een blikje frisdrank, want als het leeg is werp je het weg. Daar stond ik dan, geen werk, rugklachten, depressief en rondlopend met de vraag: 'Wat loop ik hier nog te doen?' In het gezin bleven de problemen ook niet uit. Na een jaar ben ik terug naar een zenuwspecialist gegaan, nadat men ervoor had voorgesteld om terug een rugoperatie te ondergaan en dat zag ik niet zitten.

Na onderzoek stuurde deze mij naar een therapeut. Met enige argwaan ben ik daar naartoe gestapt; na hetgeen ik al had meegemaakt kon dat er ook nog maar bij. Nu ben ik blij dat ik toch gegaan ben, want deze man heeft mijn leven weer zin gegeven. Na grondig onderzoek stelde hij vast dat ik een totaal verkeerde houding had en dat ik tal van foutieve bewegingen uitvoerde. Ook mijn spieren functioneerden niet zoals het hoorde.

Hij leerde me wat de natuurlijke krommingen van de wervelkolom waren en hoe ik moest staan om mijn rug zo min mogelijk te belasten. Behandeling na behandeling voelde ik me beter worden, de pijnen en ook de tintelingen verdwenen. Mijn houding werd beter en ook de rugsparende bewegingen begonnen vlotter en vlotter te gaan. Nu kan ik weer autorijden, voorwerpen optillen, wandelen en in de tuin werken, maar wel op een rugvriendelijke manier.

Voor het eerst in acht jaar kan ik zeggen dat ik totaal niets meer voel en dat mijn leven terug zin heeft. Het gaat allemaal niet vanzelf. Je moet steeds met je houdingen en bewegingen bezig zijn en ook je spieren voldoende oefenen. Dit alles vraagt veel inzet, doorzettingsvermogen en vooral veel steun vanwege je familie en gezin.

De therapeut die dit boek geschreven heeft is geen wonderman, maar het is dank zij zijn raadgevingen en behandelingen dat ik nu zo goed ben.
Daarom heb ik voorgesteld om dit voorwoord te schrijven zodat jullie ook deze raadgevingen ter harte zouden nemen en de moed niet zouden verliezen.
Wij zouden onze kinderen er op zeer jonge leeftijd kunnen opmerkzaam op maken, zodat zij later deze problemen niet zouden moeten kennen.

Ik wens jullie evenveel succes toe als ik heb gehad.

Jean-Marie Van Bocxstaele

Inleiding

Hoe vaak gebeurt het niet dat we last hebben van onze rug, 's ochtends uit bed opstaan met een pijnlijke rug of nek, iets oprapen van de grond en plots een stekende pijn voelen of na een zware dagtaak pijn in de nek en schouders hebben?

Steeds meer krijgen we problemen met onze rug of nek door telkens weerkerende foutieve houdingen en bewegingen. Stress speelt bij dit alles ook een heel belangrijke rol.

De meeste rug- of nekpijnen hebben een mechanische oorzaak, namelijk door verkeerde houdingen en bewegingen. Gelukkig maar, want aan dit soort rugpijnen kunnen we zelf veel verhelpen door onze rug op een rugvriendelijke manier te gaan gebruiken.

Het is de bedoeling van dit boek om aan de hand van vele foto's, raadgevingen en oefeningen te bewerkstelligen dat je voldoende hulpmiddelen voorhanden hebt om zelf iets aan je rugpijn te doen. Vergeet echter niet dat het menselijk brein is als een computer. Stop er bepaalde houdingen en bewegingen in en ze worden na verloop van tijd automatisch uitgevoerd, zonder na te denken.
Deze automatismen veranderen betekent onze computer herprogrammeren en het zal TIJD EN INSPANNING vergen voor de nieuwe houdingen en bewegingen automatismen worden. Door echter regelmatig bewust bezig te zijn met het herprogrammeren, zal na verloop van tijd zeker resultaat merkbaar zijn.

1 HOOFDSTUK : STRESS

Stress duikt steeds vaker op in onze samenleving. Het is trouwens één van de meest voorkomende oorzaken van werkverzuim. Dit komt meestal doordat stressfactoren pas aan het licht komen als zij een langere periode aanwezig zijn. Stress is in feite een reactie op druk of overbelasting vanuit de buitenwereld. Stress mag niet altijd negatief worden beoordeeld. Er bestaat ook positieve stress: indien ons werk te weinig eisen stelt of inspanning vergt, functioneren we niet optimaal. We gaan onze situatie als eentonig en vervelend ervaren. Door hogere eisen te stellen en meer inspanningen te leveren, gaan we beter presteren en ons ook beter voelen. Het werk wordt een uitdaging met veel variatie. Je kunt dus gedurende een bepaalde periode op de grens van je mogelijkheden blijven presteren, maar als de druk te lang aanhoudt of nog wordt opgevoerd, ga je de werksituatie als een last ervaren, waarna je lichaam kenmerken gaat vertonen waaruit je kunt afleiden dat je in een situatie komt van negatieve stress: - emotioneel: lusteloosheid, agressie, ontevredenheid;
- geestelijk: vergeetachtigheid, verstrooidheid;
- lichamelijk: rug- of nekklachten, hartkloppingen, slapeloosheid;
- gedrag: impulsiviteit, overdadig roken en/of drinken.

Negeer je deze kenmerken, dan wordt het individu bedreigd:
- emotioneel: depressiviteit, angstgevoelens;
- lichamelijk: hoge bloeddruk, maagzweren, spijsverteringsproblemen, migraine aanvallen, duizeligheid, verlies van stem;
- geestelijk: obsessieve en verwarde gedragingen;
- gedrag: problemen thuis, ongevallen veroorzaken, drankzucht.

Je moet dus proberen die kenmerken van negatieve stress tijdig te herkennen en naar een oplossing zoeken voordat je lichaam nog ernstiger wordt bedreigd.

Hoe kan je stress opvangen?
- Zorg voor een goede fysieke conditie:
- een regelmatige en voldoende nachtrust;
- let op een gezonde en gevarieerde voeding;
- verdeel je intensief fysische arbeid over een ganse dag;
- doe regelmatig ontspanningsoefeningen;
- ontwikkel je persoonlijkheid:
- neem voldoende vrije tijd;
- organiseer en structureer je job goed;
- zorg voor een goede sociale ondersteuning: niet de kwantiteit, maar de kwaliteit van je vrienden is belangrijk.

2 *HOOFDSTUK* : **PIJN EN PIJNBELEVING**

Pijn wordt veroorzaakt door een abnormaal verschijnsel in het lichaam. Dit wordt door het centraal zenuwstelsel aan de hersenen gesignaleerd.

Daar de toestand van de hersenen bij elk individu verschillend is, zal iedereen zijn pijn ook anders ervaren.

Pijn kan op vele manieren beleefd worden. De één zal zijn pijn niet kunnen uiten, de ander zal de ganse dag niets anders doen dan over zijn pijn zeuren.

Daarom is het heel moeilijk voor anderen om de aard en de ernst van je pijn in te schatten. We kunnen dus stellen dat pijn een subjectief, niet meetbaar gevoel is.

Hoe een pijnprikkel verwerkt wordt hangt onder meer af van je algemene lichamelijke conditie, maar ook van je psychische instelling. Tegenslagen en zorgen kunnen een invloed hebben op je pijnbeleving.

Ieder individu heeft een ingebouwde pijndrempel. De overschrijding hiervan ervaart men als pijn.

Tegenslagen en zorgen, een slechte lichamelijke conditie en een negatieve instelling zullen je pijndrempel verlagen zodat je meer pijn gaat voelen zonder dat je letsel verergerd is.

Is je conditie goed en heb je een positieve psychische instelling, dan zal je pijndrempel hoger liggen en voel je minder snel pijn.

Nek- of rugproblemen gaan meestal gepaard met pijnen die je op verschillende manieren kunt ervaren: stekend, zeurend, knagend, tintelend, enzovoort. Probeer positief te staan tegenover pijn en beschouw deze als een alarmsignaal dat er iets mis is.

Voorbeeld: bij een bepaalde beweging voel je rugpijn. Dit wil niet zeggen dat je niets meer kunt doen, maar dat die beweging op een verkeerde manier gedaan werd. Zoek naar oplossingen om die pijn niet meer te voelen. Dit kan door dezelfde beweging op een andere manier uit te voeren. Met andere woorden: je gaat die beweging rugsparend uitvoeren.

Als je pijn positief kunt benaderen, ben je al een heel stuk op weg om van die vervelende rug- of nekpijn af te geraken.

Verder zullen raadgevingen in dit boek je helpen op de weg tot volledig herstel, maar het zal tijd, geduld en veel oefening vragen.

3 HOOFDSTUK : BOUW VAN JE RUG

De wervelkolom kan het beste vergeleken worden met de mast van een zeilboot, waarbij de spieren (zowel buik-, rug-, borst- en tussenschouderbladspieren) en gewrichtsbanden de kabels zijn die de mast rechthouden.

Zonder deze spieren en gewrichtsbanden zouden we in elkaar zakken als een lappenpop. Hoe beter al deze spieren ontwikkeld zijn, hoe sterker je rug zal zijn. Hierdoor zal het ruggenmerg (van waaruit zenuwen vertrekken), dat in het ruggenmergkanaal ligt, een betere bescherming krijgen.

De wervelkolom bestaat uit wervels, tussenwervelschijven, gewrichtsbanden en spieren.

We kunnen 5 delen onderscheiden:

- de halswervelkolom met 7 wervels
- de borstwervelkolom met 12 wervels
- de lendenwervelkolom met 5 wervels
- het heiligbeen met 5 wervels die met elkaar vergroeid zijn
- het staart- of stuitbeentje.

Hetgeen opvalt is dat de 5 lendenwervels veel steviger van bouw zijn dan de overige. Dit is omdat zij het gewicht van het bovenlichaam moeten dragen. Ook komen de meest trek- en drukkrachten hierop neer.

De eerste en tweede halswervel hebben een totaal andere bouw, dit om de bewegingen van het hoofd toe te laten.

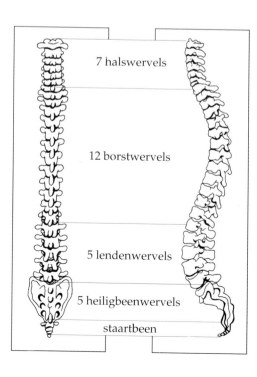

7 halswervels

12 borstwervels

5 lendenwervels

5 heiligbeenwervels

staartbeen

Wervels

Elke wervel bestaat uit 2 delen:
- het voorste deel, dat we het wervellichaam noemen en dat zorgt voor de draagkracht van de wervelkolom;
- het achterste deel, dat de wervelboog bevat, 3 doornuitsteeksels (1 naar achter en 1 aan elke zijde) en 2 gewrichtsvlakjes die een gewricht vormen met de gewrichtsvlakjes van de onderliggende wervel. Dit deel zorgt voor het richten en remmen van de bewegingen van je wervelkolom.

Alle wervelbogen samen vormen het ruggenmergkanaal, dat het ruggenmerg bevat.

Het ruggenmerg is een deel van het centrale zenuwstelsel dat alle informatie naar de hersenen stuurt. Aan weerszijden van het ruggenmerg vertrekken zenuwwortels door de openingen tussen de wervellichamen en de gewrichtsuitsteeksels. Deze vertakken zich verder in kleinere zenuwen die bepaalde delen van het lichaam bezenuwen. Die van het halsgedeelte zorgen voor de bovenste ledematen; die van het borstgedeelte zorgen voor het rompgedeelte, en die vanuit het lendengedeelte vertrekken zorgen voor de onderste ledematen.
De zenuwen vervoeren impulsen voor gevoel, beweging en pijn.

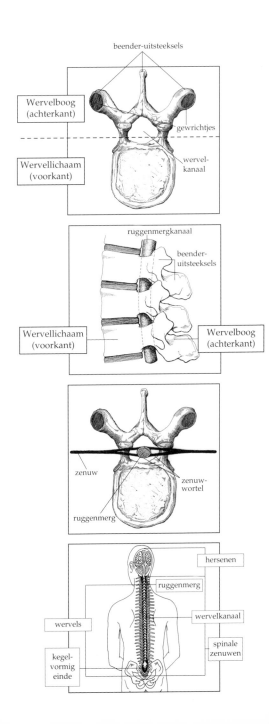

Tussenwervelschijf of discus

De tussenwervelschijf vormt de verbinding tussen twee wervellichamen en voorkomt dat de wervels onderling op elkaar zouden stoten.

Er is geen tussenwervelschijf aanwezig tussen het achterhoofd en de eerste wervel, en ook niet tussen de eerste en de tweede halswervel. De tussenwervelschijven bestaan uit een buitenste ring van stevig, vezelachtig kraakbeen en een weke, geleiachtige knikkervormige kern, die zorgt voor de veerkracht en het schokdempend effect van de wervelkolom tijdens je bewegingen.

Hij is tevens de as waaromheen de bewegingen gebeuren. Daar kraakbeenweefsel niet doorbloed wordt, zal een letsel aan de tussenwervelschijf slechts zeer langzaam genezen (6 maanden tot 1 jaar). Dit verklaart waarom veel mensen na een discus hernia terugvallen.

De kern bezit als het ware een sponseffect. Tijdens belasting van je wervelkolom zal het vochtpeil in de kern dalen; het daalt eveneens door het ouder worden. Als de wervelkolom niet belast wordt, zal de kern opnieuw vocht aantrekken om gewapend te zijn tegen de nieuwe belastingen.

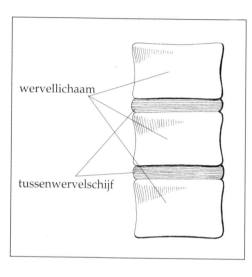

wervellichaam

tussenwervelschijf

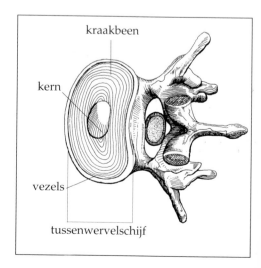

kraakbeen

kern

vezels

tussenwervelschijf

De wervelsegmenten

Zoals reeds besproken is de wervelkolom opgebouwd uit meerdere wervels
die samen één geheel vormen. Twee
opeenvolgende wervels vormen een
wervelsegment.
Dit segment bestaat uit:

     - 2 boven elkaar liggende wer-
      vels
     - 1 tussenwervelschijf

- gewrichtsbanden
- bijbehorende zenuwwortels
- korte spieren.

De beweging in één segment is relatief
beperkt, maar de som van alle beweging-
en in alle segmenten laat toch een grote
mobiliteit van de wervelkolom toe.

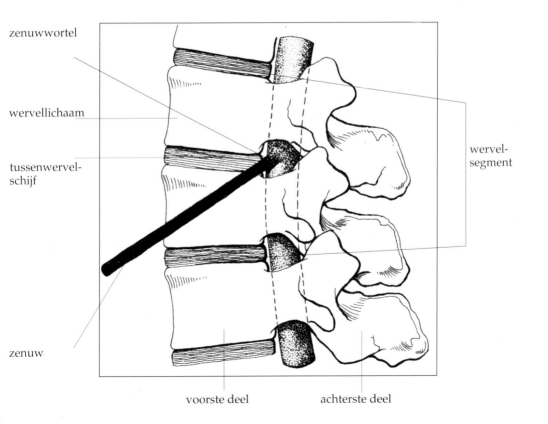

zenuwwortel

wervellichaam

tussenwervel-
schijf

wervel-
segment

zenuw

voorste deel   achterste deel

De Spieren

De nek- en halsspieren:

Deze laten buig-, strek- en draaibewegingen toe van het hoofd. In veel gevallen blijken de nekspieren te zwak te zijn in verhouding tot de halsspieren, met het gevolg dat het hoofd voorover neigt. Een goede samenwerking tussen nek- en halsspieren zal het hoofd in de juiste positie houden ten opzichte van de rest van de wervelkolom.

De schouderbladfixerende spieren en borstspieren:

Samenwerking tussen deze beide spiergroepen is van uitzonderlijk belang om het borstgedeelte van de wervelkolom en de schouders in de juiste positie te houden. Verstoord evenwicht zal ook hier houdingsafwijkingen veroorzaken, met overbelasting van een deel van de wervelkolom als gevolg.

De rugspieren:

Men bezit zowel korte (tussen de wervels onderling) als lange (over de ganse wervelkolom) rugspieren, die zullen zorgen voor:

- het bewaren van de rechtopstaande houding
- het tegenhouden van de romp bij het vooroverbuigen

- het aanwenden van kracht bij fysiek werk.

De buikspieren:

We hebben drie soorten buikspieren, namelijk de rechte, de schuine en dwarse. Vooraan hebben we de rechte buikspieren: ze verbinden de bovenste rand van het bekken met de onderste ribbenboog en dragen bij tot een correcte positie van het bekken. Daarachter bevinden zich de schuine en dwarse buikspieren, die samen met de lage rugspieren een cilindervormig korset vormen, en zo een natuurlijke bescherming bieden voor het onderste deel van de wervelkolom op voorwaarde dat ze in goede conditie zijn. Tevens dragen ze bij tot de blokkering van het lendengedeelte van de rug tijdens heffen en tillen.

De bilspieren:

- De lange bilspieren of achterste dijbeenspieren lopen over heup- en kniegewricht. Aangezien deze spieren bij veel mensen verkort zijn, zul je bij het vooroverbuigen meer in de lendenwervelzuil gaan draaien dan in het heupgewricht. Rekoefeningen van deze spieren zijn dan ook in veel gevallen aan te bevelen.
- De korte bilspieren vormen het zitvlak en zorgen door gelijktijdige aanspan-

ning met de buikspieren voor het achterwaarts kantelen van het bekken. Hierdoor wordt de uitholling in het lendengedeelte van de wervelkolom minder uitgesproken of zelfs geheel vlak.

De voorste dijbeenspieren:

Moeten goed ontwikkeld zijn, omdat ze worden gebruikt tijdens het heffen en tillen. Vele mensen denken dat de rugspieren de sterkste spieren zijn om hef- en tilbewegingen tot een goed einde te brengen. Niets is minder waar. Je voorste dijbeenspieren zijn veel sterker en dienen om lasten op te tillen. Kijk maar eens naar de enorme omvang van dijen en billen van gewichtheffers.

De conditie van je spieren:

In elke spier is een voedselvoorraad opgeslagen om hem te kunnen laten werken. Deze voorraad is gering en zal snel uitgeput geraken. Dan moet er nieuw voedsel komen door bloedtoevoer.

Een goede bloedvoorziening van een spier is dus nodig om die spier langdurig te laten werken. De bloedvaten zorgen tevens voor de afvoer van afvalstoffen uit de spier.

De bloedtoevoer en de afvoer geschieden door de spierpomp, namelijk het regelmatig spannen en ontspannen van de spier. Spieren die voortdurend onder spanning staan hebben een slecht functionerende spierpomp. De afvalstoffen kunnen niet verwijderd worden en stapelen zich op in de spier, met als gevolg een stram en stijf gevoel en soms zelfs krampen.

Daarom is het van cruciaal belang om regelmatig te bewegen of van houding te veranderen.

De natuurlijke krommingen van de wervelkolom

Een normale, gezonde wervelkolom is geen stramme rechte mast zoals bij een zeilboot, maar heeft een aantal natuurlijke krommingen, namelijk :

- in het halsgedeelte een kromming naar voor toe (lordose)
- in het borstgedeelte een kromming naar achter (kyphose)
- in het lendengedeelte een
  kromming naar voor (lordose)

Alleen bij het behoud van de natuurlijke krommingen zal de zwaartelijn (die vanuit het oor wordt neergelaten) door de wervellichamen van de lendenwervels lopen. Hierdoor zal je wervelkolom op een goede, gelijkmatige manier belast worden.

Om deze krommingen te kunnen bewaren zullen we:

- een goed houdingsbewustzijn
  moeten verwerven. Met andere woorden het leren aanvoe-
  len van de veranderingen die
  er in de natuurlijke kromming-
  en ontstaan bij een bepaalde
  houding of beweging;
- een stevig spierkorset opbouwen, waardoor de spieren har-
  monisch gebruikt worden.
- een goed spiergevoel opbouwen: weten welke spieren je
  moet spannen en welke je

moet ontspannen om de natuurlijke krommingen te behouden.

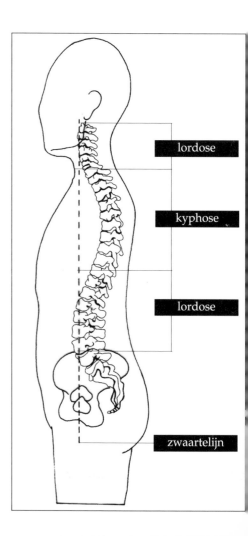

Houdingsverval

Bij afwijkingen in de natuurlijke krommingen spreken we van houdingsverval. Deze afwijkingen kunnen worden veroorzaakt door een slecht houdingsbewustzijn, vermoeidheid, spierspanning, pijn, spieronevenwicht of spierkrampen. Deze vicieuze cirkel kun je alleen maar doorbreken door houdingsheropvoeding.
Voorbeelden:
a) - Hoofd en schouders te veel naar voor: je tussenschouderbladspieren en rugspieren zijn te zwak en de borst- en halsspieren te sterk.

b) - Lendengedeelte te veel uitgehold: te zwakke buik- en lange bilspieren en te sterke rug- en voorste dijbeenspieren.

c) - Totaal verslapt figuur: de spieren gelegen aan de voorzijde (borst-, buik- en voorste dijbeenspieren) zijn te sterk en de spieren gelegen aan de achterzijde (lange en korte rugspieren, schouderbladfixerende spieren en lange bilspieren) zijn te zwak.

d) - Hangbuikje: duidelijk voorbeeld van te zwakke buikspieren, niet alleen de rechte, maar ook de schuine en dwarse.

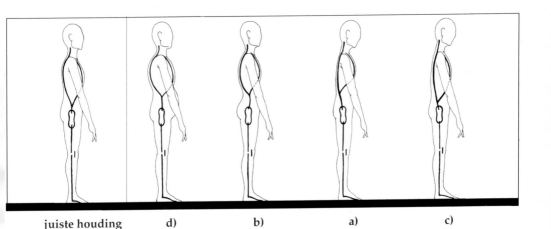

| juiste houding | d) | b) | a) | c) |

Scoliose:

Dit is een zekere vorm van houdingsverval. Door spieronevenwicht tussen
linker- en rechterzijde gaat de wervelkolom een S- of C-vormige afwijking
verkrijgen. Sommige scolioses worden
veroorzaakt door een beenlengtever-
schil, waardoor de spieren niet anders
kunnen dan in onevenwicht werken. In
dit geval biedt een schoenophoging
samen met de nodige behandelingen
vaak een oplossing.

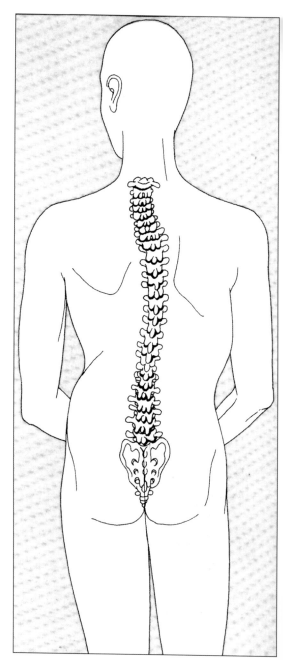

Proprioceptie en coördinatie

Het lichaam bestaat uit een geheel van delen die samenwerken om een bepaalde beweging uit te voeren. Hiervoor hebben we zowel coördinatie als proprioceptie nodig.

Coördinatie

Dit wil zeggen het juist op mekaar kunnen inspelen of samenwerken van spieren en gewrichten voor een vlotte, samengestelde beweging.
Neem als voorbeeld het tillen van een voorwerp. Je buigt door de knieën, maar ook gelijktijdig door de heupen. Bij het rechtkomen strek je knieën en heupen. Om die beweging gelijktijdig in deze twee gewrichten te laten gebeuren heb je dus een goede coördinatie nodig.

Coördinatiefouten bij deze beweging zouden zijn:

- eerst de knieën strekken en dan de heupen

- eerst de heupen strekken en dan de knieën.

Proprioceptie

Dit wil zeggen het blindelings kunnen aannemen en gewaarworden van een correcte houding. Dit heeft te maken met het fijne spiergevoel.
Door dit te oefenen komen we tot een betere beheersing van ons lichaam met als gevolg meer zelfverzekerdheid en vertrouwen.

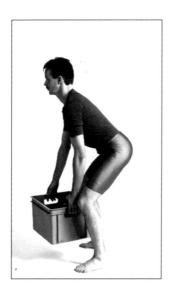

Belasting van de wervelkolom

De rug is eigenlijk gemaakt om belast te worden, denk maar aan de grotere lumbale wervels die ervoor zorgen dat je bovenlichaam door de lumbale wervels gedragen wordt. Daarenboven is de rug het best beschermd tegen belasting in zijn natuurlijke krommingen, want dan wordt het gewicht van het bovenlichaam gelijkmatig door de verschillende segmenten gedragen.

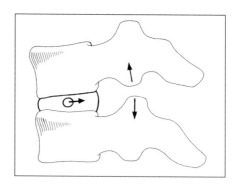

Daarom is het noodzakelijk deze natuurlijke krommingen zoveel mogelijk te bewaren tijdens belastende houdingen zoals zitten en staan. Nu moet je niet denken dat je niet meer mag bewegen, maar wel dat je langdurige, steeds weerkerende slechte houdingen en bewegingen moet vermijden.

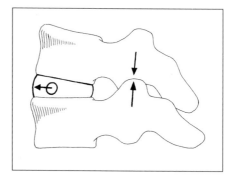

Elke houding of beweging die afwijkt van de natuurlijke krommingen zal een verkeerde belasting veroorzaken op een deel van een segment.
Voorbeelden:

      - vooroverbuigen geeft een belasting op de voorste delen van een segment met een overdreven spanning op de achterste structuren (spieren en gewrichtsbanden);

      - achteroverbuigen geeft een belasting op de achterste delen van een segment met een overdreven spanning op de

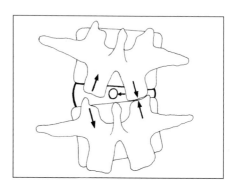

voorste structuren;
- zijwaarts buigen geeft een grotere belasting op de zijdelings gelegen delen aan de zijde naar waar men buigt en een grotere spanning op de structuren gelegen aan de andere zijde.

Een langdurige of steeds weerkerende belasting op een deel van een segment leidt uiteindelijk tot een stoornis in de werking van dat segment. Niet alleen het getroffen segment is hierbij betrokken, maar alle hoger of lager gelegen segmenten kunnen aangetast worden.
Met andere woorden een stoornis in een bepaald segment heeft zijn weerslag op de ganse wervelkolom waardoor deze volledig in zijn harmonische werking gestoord wordt.

Voorbeeld:
Een stoornis in een segment gelegen in het lendengedeelte kan nekklachten geven of omgekeerd.
Aangezien er in één segment vele verschillende plaatsen zijn waar een stoornis kan optreden, is het duidelijk dat artsen er soms niet in slagen vast te stellen in welk deel van het segment de stoornis zich bevindt.

4 HOOFDSTUK : AANDOENINGEN

Miljoenen jaren geleden begon homo sapiens rechtop te lopen zodat hij zijn handen vrij had om vruchten te plukken en om te jagen.

Vandaag klaagt 80 tot 85% van zijn nakomelingen over rugpijn. De bedoeling van dit boek is niet om alle mogelijke aandoeningen van de wervelkolom uitvoerig te bespreken, maar wel te blijven stilstaan bij de mechanische of functionele rugpijn. Deze pijn wordt veroorzaakt door verkeerde houdingen of bewegingen met als gevolg het kwetsen van één van de structuren die we in het vorige hoofdstuk besproken hebben.

Van alle oorzaken heeft bijna 85% van de aandoeningen een functionele of mechanische oorzaak.

Voorbeelden:
- verkeerdelijk optillen van voorwerpen (licht of zwaar);
- verkeerde houding bij zitten, liggen en staan;
- krachtige, bruuske bewegingen;
- overdreven trillingen: vrachtwagenchauffeurs, taxi-chauffeurs;
- te grote lichaamslengte of te hoog lichaamsgewicht;
- slechte conditie van de spieren;
- stress;
- verkeerde houding tijdens zwangerschap;
- slechte of foutieve werkgewoonten: stratenmakers, verpleegsters;
- beenlengteverschillen;
- voetafwijkingen: platvoeten, holvoeten;
- houdingsafwijkingen.

Met functionele of mechanische rugklachten wordt bedoeld dat de werkelijke oorzaak niet in de wervelkolom zelf ligt, maar daarbuiten.

Onder de overige 15% van mogelijke oorzaken vallen:
- aangeboren afwijkingen;
- ongevallen met ernstige beschadiging van een of meerdere structuren van de wervelkolom;
- artrose: door slijtage zal er ook overbelasting ontstaan.

Toch kunnen mensen met zulke oorzaken ook veel baat hebben bij de rugsparende principes die we verder gaan bespreken.

Functionele of mechanische rugpijn

Whiplash (zweepslag)

Als je hoofd in een fractie van een seconde te ver naar achter (hyperexten-sie) en vervolgens te ver naar voor (hyperflexie) klapt, zullen hals- en nek-spieren onvoldoende tijd krijgen voor hun normale opspanreflex om je nek te beschermen.

In een eerste fase zul je geen pijn voe-len, doch de echte problemen kunnen na enkele uren beginnen en dan kunnen ze zelfs jaren aanslepen. Problemen kunnen gaan van hoofdpijn en stijve spieren tot concentratie- en geheugen-stoornissen, duizeligheid, vermoeid-heid en emotionele problemen.

Voorbeelden:
- frontale botsing met de auto;
- motorongeluk;
- hoe gek het ook moge klinken: headbangen bij hardrock en heavy metal muziek.

Torticollis of musculaire scheefhals

Kan worden veroorzaakt door:
- een te bruuske beweging van het hoofd;
- slapen in een slechte houding;
- langdurig slechte houdingen o.a. tijdens het werk, tijdens het autorijden;
- plotselinge afkoeling van de hals- of nekspieren.

Het gevolg zal zijn dat de hals- en nek-spieren aan één zijde verkrampen met als gevolg daarvan een beperkte beweeg-lijkheid in één richting. Soms ook bewe-gingsbeperking in alle richtingen.

Lumbago of verschot (spit)

Kan ontstaan door:
- een verkeerde beweging;
- chronische overbelasting van de gewrichtsbanden door een verkeerde houding;
- plotselinge overbelasting.

De rugspieren trekken samen en ver-krampen met als gevolg dat je nog moeilijk kunt bewegen (dwanghou-ding). De pijn zal in je rug gelocaliseerd blijven en niet uitstralen naar je benen.

Eigenlijk is die dwanghouding een bescherming van je eigen lichaam, ze voorkomt ernstigere letsels door je spie-ren te blokkeren.

Lumbago geneest met tijdelijke bedrust en spierontspannende medicatie.

Nadien moet je de conditie van de spie-ren en de beweeglijkheid van de rug herstellen.

Discus hernia

Door een scheur in de buitenband van de tussenwervelschijf kan de geleiachtige kern gaan uitpuilen en het ruggenmerg of een zenuw irriteren.

Het kan zich voordoen op alle plaatsen in de wervelkolom, maar komt meestal voor in de onderste drie segmenten en ook het segment met het heiligbeen, alsmede regelmatig in de onderste segmenten van de halswervelkolom.

Hoe groter de druk in een tussenwervelschijf, hoe groter de kans op een hernia.

Men kan tintelingen krijgen, verminderde kracht en zelfs verlammingsverschijnselen, afhankelijk van de sterkte van de druk op de plaats van de scheur.

In het nekgedeelte (20%) zal er uitstraling zijn naar de armen;

In het borstgedeelte (zelden) uitstraling naar de romp;

In het lendengedeelte (77%) uitstraling naar het zitvlak en onderste ledematen.

Hoesten, persen en niezen kunnen deze pijnen verergeren daar zij plots een nog grotere druk zullen veroorzaken.

Ook hier is rust, medicatie en kinesitherapie vereist om tot herstel te komen.

Zoals reeds eerder gezegd wordt het kraakbeen van de tussenwervelschijven niet doorbloed en kan het maanden, zelfs tot meer dan een jaar duren vooraleer het scheurtje helemaal genezen is.

Doch de pijn zal meestal vroeger verdwenen zijn, waardoor het risico op terugvallen veel groter is.

Ischias is een vorm van discus hernia, waarbij druk op de Ischiadicuszenuw ontstaat, waardoor de pijn uitstraalt tot in het been of zelfs de voet.

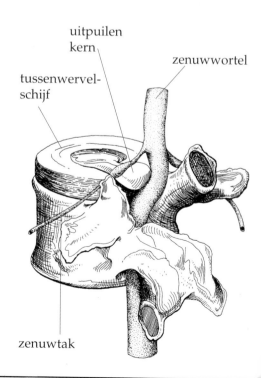

uitpuilen
kern

zenuwwortel

tussenwervel-
schijf

zenuwtak

Discus Hernia

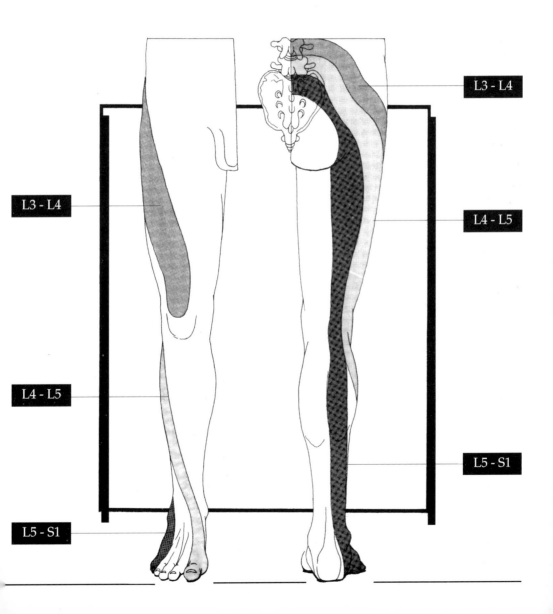

L3 - L4

L3 - L4

L4 - L5

L4 - L5

L5 - S1

L5 - S1

Artrose
Is een onderdeel van het verouderings-
proces waarbij botaanwassen aan de
facetgewrichtjes (osteofieten) kunnen
zorgen voor een voortdurende irritatie.
Ook zullen de tussenwervelschijven
worden aangetast, aan veerkracht
inboeten en in omvang afnemen.
De rugpijnen voel je hier meestal bij het
achteroverbuigen. Ook hier is het her-
opvoeden van de spieren en een betere
houding aanbevolen om het artrose-
proces te vertragen. Artrose genezen
kan je echter niet.

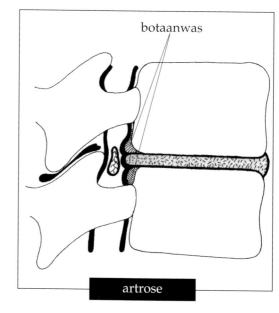

botaanwas

artrose

Niet-specifieke rugklachten
Vaak hoor je spreken van een pseudo-
radiculair syndroom, sacro-iliacale problemen, paravertebraal syndroom,
enzovoort.
Hetgeen men hier bedoelt is dat er
ergens in de omliggende structuren van
de wervelkolom iets fout is, wat overbelasting zal geven en pijn ter hoogte van
het desbetreffend segment zal veroorzaken.

Psycho-somatische rugklachten
Stress of depressieve toestanden brengen de rug- en/of nekspieren onder een
zekere spanning met overbelasting en
pijn als gevolg.
Relaxatie of ontspanning zal je helpen
de nek- en/of rugspieren te ontspannen.

5 HOOFDSTUK : BEHANDELINGEN

Zoals reeds eerder gezegd is het zeker niet de bedoeling van dit boek om dieper in te gaan op alle mogelijke behandelingen bij rug- of nekproblemen. Louter informatief wens ik toch een aantal behandelvormen te vermelden:

- *Rust en medicatie:*
  - rust kan soms al voldoende zijn om je klachten te doen verminderen;
  - artsen schrijven vaak medicatie voor onder vorm van ontstekingswerende, spierontspannende of pijnstillende middelen. Zij zullen zeker bijdragen tot het genezingsproces.
- *Kinesitherapie (kan in al zijn vormen toegepast worden):*
  - klassieke kinesitherapie waarbij men gebruik kan maken van: warmte, elektrotherapie, massage en/of oefeningen.
  - manuele therapie: door het manipuleren van de wervelkolom hoort men soms een 'kraken'. Bedoeling is hier de geblokkeerde gewrichtsfuncties te herstellen.
- *Osteopathie:*
  door het benaderen van het individu in zijn totaliteit probeert men zo problemen op te lossen.
- *Acupressuur:*
  door op bepaalde punten druk uit te oefenen wordt geprobeerd de pijn weg te nemen.
- *Acupunctuur:*
  met behulp van naalden probeert de acupuncturist de gestoorde energie banen te normaliseren om tot herstel te komen.
- *Neuraaltherapie:*
  een pijnstillende oplossing wordt op specifieke plaatsen van het lichaam ingespoten om energetische storingsvelden op te lossen.
- *Epidurale injectie:*
  Inspuiten van een verdovend middel in het ruggenmerg.
- *Operaties aan de wervelkolom:*
  soms bestaat er geen andere oplossing dan operatief ingrijpen om de pijn weg te nemen.
  Let wel:
  alleen overgaan tot operatief ingrijpen als er geen andere mogelijkheid bestaat en liever ook een tweede advies inwinnen.
- *Rugscholing:*
  nadat je rugklachten verdwenen zijn of minder ernstig, moet je proberen het terugkomen van klachten te vermijden. Dit kan alleen door inzicht te krijgen in de houdingen en bewegingen van je wervelkolom tijdens dagelijkse activiteiten. Verder in dit boek komen we terug op de juiste houdingen en bewegingen in verschillende posities.

HOOFDSTUK : HOUDINGEN EN BEWE - GINGEN

In het dagelijkse leven nemen we per dag wel enkele honderden houdingen aan en voeren we bewegingen uit die de rug overbelasten en vroeg of laat aanleiding kunnen geven tot rug- of nekklachten.

Afwisselen is de boodschap, namelijk regelmatig van houding of beweging veranderen om onze spieren op een andere manier te laten werken. Neem nooit langer dan twee uren een bepaalde houding aan of oefen nooit langer dan twee uren eenzelfde beweging uit.

We zullen in dit hoofdstuk dieper ingaan op houdingen en bewegingen die onze wervelkolom minder belasten en daardoor bijdragen in het voorkomen of helpen genezen van rugproblemen.

HOUDINGEN IN STAND

GOUDEN REGELS

Vermijd zoveel mogelijk volgende bewegingen:

- hoog boven je hoofd reiken
- vanuit de rug vooroverbuigen
- draaibewegingen maken met de wervelkolom vanuit de romp
- activiteiten doen met opge -

trokken schouders waardoor een te grote belasting op de nekwervels ontstaat.

1. Rechtop staan, lopen

Hoe vaak gaan we of staan we niet met een naar voor gebogen hoofd, afhangende schouders, een doorgezakte of uitgeholde rug?

Leer dus goed recht staan en gaan: hoofd rechtop, schouders achteruit (maar niet opgetrokken), ingetrokken buik en naar achter gekanteld bekken.

Met andere woorden zorg voor een goed spierevenwicht zodat je makkelijk de natuurlijke krommingen kan blijven bewaren.

Denk er aan: de aanhouder wint!

Vermijd slenteren tijdens het wandelen of winkelen, dit doet je houding geen goed. Draag tijdens het wandelen stevige schoenen met een dikke zool, die een goede steun bieden.

Voorts is het beter om schoenen te dragen met een maximale hakhoogte van vier tot vijf centimeter. Bij hogere hakken wordt het veel moeilijker om de natuurlijke krommingen te bewaren.

Het zal voornamelijk de uitholling in het lendengedeelte zijn die zal vergroten, met een overbelasting van een deel van de wervelkolom als gevolg.

Tevens kunnen spierverkortingen optreden als men vaak op te hoge hakken loopt.

2. Huishoudelijke activiteiten

In de keuken

- Het werkblad moet hoog genoeg zijn,
d.w.z. de helft van je lichaamslengte +
5 à 10 cm, zodat je niet voorover hoeft
te buigen. Houd je hoofd goed recht en
trek je schouders niet op.

Indien je het werkblad niet kunt aanpassen, zijn er altijd wel enige hulpmiddelen voorhanden waarmee het werkblad
provisorisch verhoogd kan worden:
- tijdens het afwassen met één
voet steun nemen in de kast
onder de gootsteen;
- een plastieken teil op het aan-
recht plaatsen.
- Vermijd hoog boven je hoofd
reiken, aangezien je daarbij
zowel de nek- als lendenwervels kunt overbelasten.
Rek nooit met je armen boven
de 120°.

Plaats daarom zaken die je dagelijks nodig hebt op de onderste schappen van de bovenkasten en al het overige hoger. Als je die hogergeplaatste zaken nodig hebt, kun je het beste een stoel of trapje gebruiken.

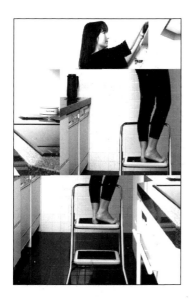

- Iets uit de onderste kasten pakken kun je het beste doen door op één knie te gaan zitten of door de knieën te buigen.
- Mocht je toch moeten vooroverbuigen tijdens bepaalde activiteiten in de keuken, zorg dan steeds voor steun met je vrije hand om de belasting op je wervelkolom te verminderen. Let er wel steeds goed op je hoofd mooi recht te houden tijdens alle bewegingen en de schouders niet te veel op te trekken.

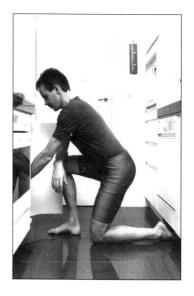

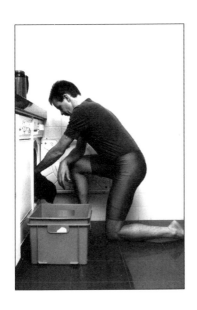

- Was- en vaatwasmachine of wasdroger in- en uitladen: bij de wasmachine en wasdroger, kniel voor de machine op één knie en neem steun met de elleboog van je vrije hand op de knie. De wasmand staat vlak naast je, zodat je met de andere hand de machine kunt inladen.

Mocht je wasdroger boven je wasmachine staan, dan weer eerst op één knie gaan zitten om de was uit de machine te nemen, daarna je wasmand op een stoel plaatsen en de wasdroger inladen. Bij de vaatwasser door je knieën buigen en eventueel steun nemen met je vrije hand in plaats van vanuit je rug voorover te buigen.

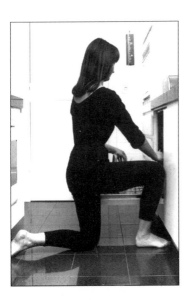

In de badkamer

De hoogte van je wastafel moet zijn aangepast aan je lichaamslengte.

Steun tijdens het tandenpoetsen met één
hand op de wastafel om je rug te ontlasten en houd het hoofd goed recht om
spanning in de nekspieren en druk op
de nekwervels te vermijden.
Gebruik bij het spoelen van je mond een
beker en buig licht door de knieën als je
het spoelwater uitspuwt. **Ga zeker niet
onder de kraan hangen!**
Bij het nemen van een bad niet te lang
blijven liggen met je hoofd rustend op
de badrand, omdat dit een te grote
belasting geeft op je nekwervels. Was je
haar niet voorovergebogen aan de wastafel en evenmin over de badrand, aangezien dit een zeer grote belasting geeft
op zowel nek- als lendenwervels. Ga liever in het bad zitten of onder de douche
staan en gebruik de sproeier. Let er wel
op dat je je hoofd niet te ver achterover
buigt, daar dit weer een te grote belasting geeft op de nekwervels.

Bij de kapper ervoor zorgen dat je tijdens het haarwassen een klein kussentje
of een dikke handdoek in de nek krijgt
om de nekwervels te ontlasten. Mocht je
nekpijn hebben, zeker het haar niet laten
wassen als je het hoofd moet achteroverbuigen.

goed

fout

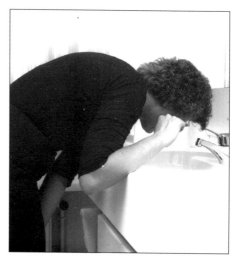

Tijdens het scheren opletten voor het te
ver achteroverbuigen van je hoofd.

goed

fout

Houd bij het gebruik van een haardro-
ger goed de stand van je schouders in
het oog. Zorg ervoor dat je de schouders
steeds laag houdt en zeker niet optrekt.

De badkuip voorovergebogen, zittend of staande schoonmaken is een zeer belastende houding voor je rug. Kniel naast het bad en reinig de zijde waar je het dichtste bij zit. Verplaats je regelmatig om de ganse badrand te poetsen. De andere zijde schoonmaken doe je door op je knieën te gaan zitten voor het bad en steun te nemen met je vrije hand op de rand van het bad of in de badkuip zelf. Zorg er tevens voor dat je de arm waarmee je werkt niet te veel vooruitbrengt, daar dit dan weer problemen kan geven met de nek en de schouders.

De muur boven de badkuip reinigen doe je het beste in stand en door steun te nemen met je vrije hand tegen de muur. Let wel: niet hoger gaan met je arm dan 120° en de schouders laag houden om onnodige belasting van je nek te vermijden.

vooroverbuigen vanuit de rug, hoofd te veel naar voor neigen, afhangende of te veel opgetrokken schouders, gedraaide houdingen.

- Begin eerst en vooral te zorgen voor langere borstel- en stofzuigerstelen, waardoor je al minder voorovergebogen zult moeten werken.

Stofzuigen, schuren, dweilen, vegen

Al te veel mensen ondervinden tijdens deze bezigheden pijn in de rug, nek of schouders, voornamelijk door het gebruik van onaangepaste materialen en foutieve, belastende houdingen zoals

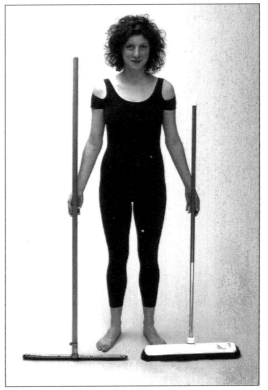

- Gebruik een goede techniek:
  houd de steel vast ter hoogte van de heup en plaats de andere hand iets lager op de steel.
  Heb je de steel vast in je rechterhand, plaats dan het linkerbeen voorwaarts en omgekeerd (voor linkshandigen).

Buig nu licht door de voorste knie terwijl het achterste been gestrekt blijft. Zorg er steeds voor dat de voeten in dezelfde richting geplaatst worden als de richting waarin je werkt.

Let wel: de romp blijft steeds in het verlengde van het achterste been.

Bij het terugkomen gewoon het voorste been strekken. Als je de werkrichting verandert, moet je de voeten mee in die richting verplaatsen. Denk er tevens aan om je schouders niet op te trekken.

- Om onder kasten, tafels, bedden e.d. te werken, kun je het beste op één knie of op de hielen gaan zitten.
  Steun met de vrije hand op de grond of met de elleboog op de knie.

- Trappen begin je bovenaan te stofzuigen, terwijl je zelf een aantal treden lager plaatsneemt op één knie, je vrije hand op de te stofzuigen trede plaatsen om alzo de rug te ontlasten.

1

2

1

2

- Tijdens het dweilen gebruik je de omgekeerde techniek:
je begint met een gebogen knie om die
nadien te strekken. Plaats je emmer op
een stoel of keukentrapje om je dweil
uit te wringen. Let er tijdens het wringen ook weer op om je schouders niet
te hoog op te trekken.

Ramen lappen

Hoe vaak rekken we ons niet uit, buigen we voorover of maken we torsie- (draai) bewegingen tijdens het reinigen van de ruiten? Probeer zoveel mogelijk deze houdingen te vermijden.

Gebruik voor hoge ramen een trapje, zodat je niet hoeft te rekken. Je kunt ook een uittrekbare steel gebruiken.

Werk liefst niet met je armen boven de 90° en let erop dat je de schouders niet optrekt.

Bij te brede ramen is het beter om jezelf regelmatig te verplaatsen in plaats van torsiebewegingen met de romp uit te voeren.

Om de ramen tot op de grond te reinigen, kun je het best door de knieën buigen of op één knie gaan zitten.

Strijken

Welke houdingen zijn al niet uitgepro-
beerd om te kunnen strijken zonder, tijdens of erna, pijn te hebben in de rug of
nek? In tegenstelling tot wat velen denken is zittend strijken alleen maar goed
om kleine zaken te strijken. Voor grotere zaken moeten we te veel torsiebewegingen uitvoeren. Je kunt dus het beste
al staande aan je strijkplank strijken en
wel op de volgende manier:

- Zorg ervoor dat je strijkplank hoog
  genoeg staat. Plaats het strijkijzer op de
  strijkplank en neem het vast. Je ellebogen moeten nu 90° gebogen zijn en de
  schouders ontspannen.
- Verplaats tijdens het strijken de voeten
  in de richting waar je aan het strijken

bent, zodat je steeds recht voor je strijkt
en de romp zo min mogelijk moet
draaien.
- Plaats de wasmand steeds op een kruk
  om vooroverbuigen om een stuk strijk-
  goed te pakken te vermijden. Als je een
  stuk wilt pakken dat achter of naast je
  ligt, draai dan niet alleen met je
  bovenlichaam maar verplaats tevens je
  voeten.
- Om kleine zaken staande te strijken,
  plaats je een voet op een bankje om je
  rug te ontlasten.
- Buig je hoofd niet te veel naar voor tijdens het strijken, om een overbelasting
  op je nekwervels en -spieren te vermijden.
  Houd het daarentegen zoveel mogelijk
  recht en leer om meer je ogen zelf te
  laten bewegen in hun oogkassen.

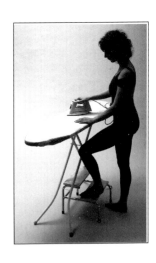

Bedden opmaken

Ga op één knie zitten voor het bed om
de lakens onder de matras te stoppen
vlak voor je. Vermijd ook hier weer torsiebewegingen en verplaats je liever.
Om de lakens aan het hoofdeinde onder
de matras te steken, kun je met één been
op bed gaan zitten.

Aan- en uitkleden

- Probeer steeds zo goed mogelijk recht
  te blijven staan of neem eventueel
  steun met je rug tegen een muur.
- Bij het aantrekken van je kousen of
  sokken is het beter om je knieën op te
  trekken in stand of zit dan voorover
  te buigen vanuit je rug. Mocht je teveel
  pijn in je rug hebben, kun je dit ook al
  liggende doen.
- Veters strikken: ga op één knie zitten
  of plaats je voet op een stoel of trap en
  buig licht door de knieën.

Werken in de tuin

Ook hier zijn weer tal van houdingen en bewegingen die onze rug verkeerd belasten, zoals bij het gras maaien, spitten, onkruid wieden of planten. Het kan ook op een rugvriendelijke manier:

Gras maaien:

- Zorg dat de handgreep hoog genoeg

staat en duw de grasmaaier vooruit met een rechte rug, de schouders laag gehouden. Laat alle kracht komen vanuit je knieën en heupen.

Als je een motormaaier hebt, zorg er dan tijdens het starten voor dat je rug recht blijft en de bewegingen vanuit je knieën en heupen komen.

Trek de grasmaaier nooit vooruit.

Spitten:

- Blijf bij het insteken van de spade zo
  goed mogelijk rechtop, op deze manier
  kun je je volledige lichaamsgewicht
  gebruiken. Plaats daarna één hand zo
  laag mogelijk op de steel en buig tegelijk door de knieën. Strek daarna gelijktijdig knieën en heupen en schep de
  aarde voor je op de grond.

  Ook hier weer opletten dat je je schouders niet te hoog optrekt.

Harken en bijeenrijven:

- Dezelfde techniek als bij het stofzuigen
  gebruiken.

Zaaien of bemesten vanuit de hand:

- Vooral draaibewegingen vermijden en
  indien mogelijk is het steeds beter om
  een strooiwagentje te gebruiken.

Planten van bloemen en planten en on-kruid wieden:

- Ga op één knie zitten, steun met de vrije elleboog op de knie of ga op de hielen zitten met steun van je vrije hand op de grond.

Snoeien van struiken en heesters:

- Let erop dat je niet teveel boven je hoofd werkt, ga anders op een ladder staan.

Zagen van boomstronken:

- Zoals bij het stofzuigen een voorwaartse spreidstand aannemen, de arm zo dicht mogelijk tegen je lichaam plaatsen en de schouders niet optrekken; de beweging laten gebeuren door de voorste knie te buigen en te strekken.

Houtblokken opstapelen:

- Draaibewegingen vermijden en door de knieën zakken in plaats van voorover te buigen.

Het tuinafval kun je het best in een verrijdbare container doen, die je kunt vooruitduwen met beide handen.

Knutselaars en doe-het-zelvers

Alvorens zelf opknapwerken uit te voeren, moet je jezelf de vraag stellen of je
gezondheid er eventueel onder kan lij-
den en zo ja, de werken uitbesteden.
Zorg er in de eerste plaats voor dat je
werkbank hoog genoeg is.

Schilderen van plafonds:

- Het beste staande op de grond, gebruik makend van een verfroller met
  een lange steel, maar er wel op letten
  dat je de armen dicht tegen je lichaam
  houdt en het hoofd niet te veel achterover buigt.
  Voor het fijnere werk kun je het best
  een stelling plaatsen die zo hoog is, dat
  je je armen nooit boven de 90° hoeft te
  bewegen.

Stenen metselen:

- Voor de onderste rijen op één knie
  gaan zitten en niet te ver vooroverbuigen. Steeds op een goede hoogte werken, de stenen vlakbij je plaatsen en
  torsiebewegingen vermijden.

Leggen van een stenen vloer:

- Kniehielzit of op één knie gaan zitten
  en indien mogelijk steun nemen met
  één hand.

Gaten boren:

- Steeds op schouderhoogte werken en
ook weer een lichte voorwaartse
spreidstand aannemen.
Om laag tegen de grond te boren, ga je
op één knie zitten.

Behangen:

- Gebruik een ladder om tegen het pla-
fond te behangen en zorg ervoor dat je
niet te veel boven je hoofd moet werken. Voor het inlijmen van je papier, je
steeds verplaatsen aan de behangtafel.
Plaats ook de pot met lijm op hoogte
zodat je niet voorover hoeft te buigen.

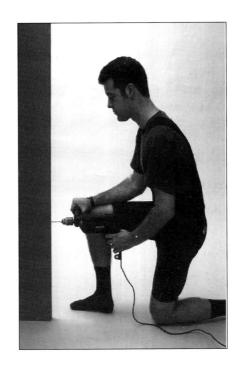

Dit zijn slechts enkele voorbeelden.

Voor doe-het-zelvers en knutselaars is
het eveneens van het grootste belang
om zoveel mogelijk rugsparend te werken, omdat de inspanningen meestal
van langere duur zijn.

Indien je pijn voelt, onmiddellijk stoppen.

GOUDEN RAAD:
NIET LANGER DAN TWEE UUR IN
DEZELFDE POSITIE WERKEN. DUS
AFWISSELEN IS DE BOODSCHAP.

Zithoudingen

Tijdens het zitten wordt er meer druk uitgeoefend op de tussenwervelschijven dan in lighouding. Hoe onwaarschijnlijk ook, tevens meer druk dan in stand.

Daar we dagelijks verscheidene uren zittend doorbrengen en we bij de geringste afwijking van de natuurlijke krommingen nog een grotere druk veroorzaken op de tussenwervelschijven, zal de wervelkolom vroeg of laat over-belast raken en kunnen er pathologieën van de rug of nek ontstaan.

Het is spijtig te moeten vaststellen dat de moderne mens meer geëvolueerd is tot een *homo sedens* (zittende mens). Werp maar eens een blik in een kantoorruimte of klas en je zult al snel merken dat de mensen hun natuurlijke krommingen niet kunnen bewaren en dus doorgezakt zitten.

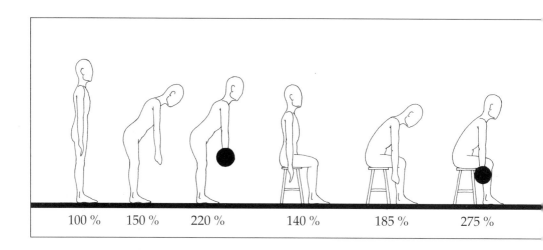

100 %   150 %   220 %   140 %   185 %   275 %

25 %   75 %

Dit alles kan voorkomen worden door:

- De natuurlijke krommingen zoveel
  mogelijk te respecteren, zodat de druk
  op de tussenwervelschijven niet wordt
  vergroot. Bij het bewaren ervan zijn
  dan ook veel meer bewegingen mogelijk.

- Niet langer dan twee uur in eenzelfde
  houding zitten, zodat de spieren en
  gewrichten niet te lang op eenzelfde
  manier belast worden. Twintig minuten is al lang genoeg omdat de statische spierarbeid al na deze periode
  voor vermoeidheid zal zorgen en uiteindelijk het doorzakken zal bevorderen.

- Zitten met gekruiste benen kun je het
  best vermijden omdat dit een draaibeweging in je onderste wervels zal
  teweegbrengen met overbelasting tot
  gevolg. Ook lopen er in je knieholte
  belangrijke bloedvaten en zenuwstruc-
  turen die dan ook afgekneld worden.

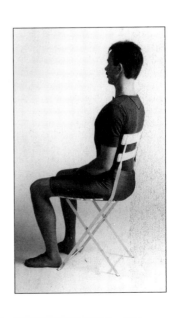

*Je kunt op twee manieren gaan zitten,
namelijk:*

- actief, waarbij je geen gebruik maakt
  van de rugleuning
- passief, waarbij je lenden en rug
  gesteund worden door de rugleuning.

Beide zithoudingen hebben het nadeel
dat de zitting van de stoel waarop je zit,
horizontaal is waardoor je bekken achterwaarts kantelt en de uitholling in je
lendengedeelte volledig verdwijnt. Na
een minuut of twintig zal men meer
voorovergebogen gaan zitten met
afhangende schouders en naar voor
gebogen hoofd, hetgeen dan weer nekklachten kan veroorzaken.

Het passief zitten waarbij de rugleuning
steun kan bieden in het lendengedeelte,
is alleen nuttig bij zaken die je doet, los
van het werkvlak, zoals: luisteren,
nadenken, telefoneren, enz.

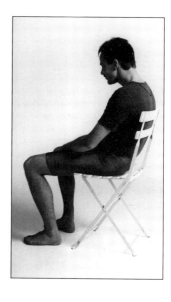

Factoren die de zithouding beïnvloeden

- De zithoogte moet ongeveer gelijk zijn aan de lengte van de onderbenen om te vermijden dat het bekken nog meer achterwaarts gekanteld wordt.
- De zitdiepte moet iets minder zijn dan de lengte van je bovenbenen. Een te grote zitdiepte zal ervoor zorgen dat je snel onderuit zakt en hierdoor bepaalde delen van je wervelkolom overbelast. Tevens zullen je nekwervels een grotere druk ondergaan.
- De rugleuning maakt een ideale hoek van 100° met de zitting. De rugleuning moet ook voldoende steun bieden in het lendengedeelte.

Eventueel kun je gebruik maken van een apart zitkussen (ZITWIG).

Daar de moderne mens meer en meer zittend door het leven gaat, is het belangrijk dat de zitkwaliteit verbeterd wordt.

Het zitten op een klassieke stoel noemen we zitten met een gesloten hoek, waarbij de uitholling in het lendengedeelte zal verdwijnen door het achterwaarts kantelen van het bekken.

Tevens ben je op een klassieke stoel meer gehouden om je spieren op een statische manier te belasten.

Onderzoekers hebben de laatste jaren aangetoond dat het zitten met een open hoek, waarbij het bekken minder dan 90°achterwaarts kantelt, een geringere belasting op je wervelkolom uitoefent omdat de uitholling in je lendengedeelte makkelijker bewaard blijft. Je zwaartelijn zal namelijk veel dichter bij de wervellichamen van je lendenwervels vallen.

Tevens zal je romp meer opgericht worden zodat zowel de ademhaling als de organen niet zullen belemmerd worden in hun werking. Daarenboven zal de doorbloeding naar je onderste ledematen verbeteren.

Het zitten op een schuin zitgedeelte, waarbij je door te balanceren van houding kan veranderen, zal zorgen voor minder statische en meer dynamische spierarbeid. Deze zithouding geeft ook minder snel problemen in je rug of nek.

Er bestaan reeds vele mogelijkheden om het zitten met open hoek toe te laten:

- balansstoelen
- zitballen
- kantelbare kantoorstoelen (o.a. Nomiflex van Bay-Jacobson)
- zitwiggen(Bay-Jacobson)
- Movin sit: is opblaasbaar en laat bewegingen toe zoals bij een balansstoel.

Alvorens een stoel aan te schaffen, kun je het beste raad vragen aan je behandelende geneesheer of therapeut. Zo'n stoel koop je in een speciaalzaak.

Let er bij kantoorstoelen vooral op dat zij draaibaar en verrijdbaar zijn om vooral torsiebewegingen te vermijden en toch alles binnen handbereik te kunnen hebben.

Mocht je naar een tussenoplossing zoeken die je toelaat op de meeste plaatsen goed te zitten, dan biedt de BETTER-BACK (Bay-Jacobson) een goede oplossing. Hij zal je toelaten, waar je ook zit, de normale lendenlordose te onderhouden en de spierarbeid te verminderen.

Zittend werk als beroepsbezigheid

- Eerst en vooral zorgen voor een goede bureaustoel.
- De werkhoogte van bureau's, computerstations en dergelijke moet aangepast zijn aan je lichaamslengte. Als je op een stoel zit, met de schouders ontspannen en de ellebogen 90° gebogen, moet het werkblad een 5-tal cm lager staan dan de hoogte van je ellebogen.
- Zorg voor een juiste lichtinval, zodat je lichaam geen schaduw werpt op je werk. Anders zou je meer gaan vooroverbuigen, hetgeen meer druk zal geven op zowel de nek - als de halswervels. Tevens zullen de nekspieren onder een continue spanning komen te staan.

- Alles op je bureau moet zo opgesteld staan dat op het moment dat je rechtzit alles binnen handbereik ligt van je gestrekte arm. Het werken zelf gebeurt het best met de ellebogen zo dicht mogelijk tegen het lichaam en de schouders ontspannen.
- Voor het werken aan de computer ervoor zorgen dat je beeldscherm achter het toetsenbord staat en niet zijdelings, daar je anders een torsiebeweging met de nekwervels zal uitvoeren en daardoor meer spanning veroorzaakt in nek- en schouderbladspieren aan één zijde. Trek ook de schouders niet op tijdens het werk.

- Beeldschermen moeten ten opzichte van je ogen opgesteld staan in een hoek tussen de 0° en - 30° om de nek-wervels en nekspieren niet teveel te belasten. Om die reden moet ook het toetsenbord in een hoek staan die niet groter is dan - 55°.
- Als je veel schrijfwerk moet verrichten moet het werkblad eventueel schuin kunnen worden geplaatst om het werk naar de ogen toe te brengen in plaats van de ogen naar het werk.

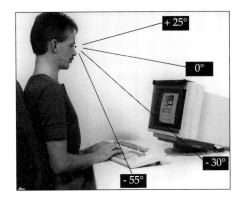

- Als de voeten tijdens het werk de grond niet raken, kun je een voeten-bankje gebruiken dat er als volgt uit-ziet:
- verstelbare hoogte tussen 5 à 10 cm
- schuin aflopend naar voor toe tussen de 5° en 15°
- ongeveer 23 cm diep en 50 cm breed.
- Doe regelmatig oefeningen met hoofd en schouders om de hals-, nek- en tus-senschouderbladspieren te ontspan-nen.
  Zie verder bij de oefeningen.

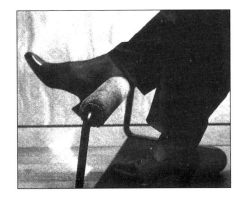

Zitten in de auto

Rug- of nekklachten tijdens of na het autorijden komen vaak voor en zijn voornamelijk te wijten aan:

- een slechte houding
- een stoel die onvoldoende steun biedt
- te lang rijden
- verkeerd in- en uitstappen.

Houding

- Plaats de rugleuning in een hoek van 100° ten opzichte van de zitting en ga met je zitvlak zo diep mogelijk tegen de rugleuning zitten.

- Bepaal zelf de afstand van je stoel t.o.v. je pedalen, namelijk bij het volledig indrukken van het ontkoppelingspedaal moet de knie nog ongeveer 45° gebogen zijn. Als de handen op het stuur rusten moet je ook weer een hoek van ongeveer 45° in de ellebogen behouden. Op dat ogenblik staat de stoel op de juiste afstand van zowel stuur als pedalen. Andere houdingen, zoals met gestrekte armen of benen of juist met te veel gebogen armen en benen kunnen problemen veroorzaken.

- Laat het hoofd goed rusten tegen de hoofdsteun en houd de schouders ontspannen.

- Kijk niet te vaak achterom met je hoofd, gezien dit steeds weerkerende bewegingen zijn die na verloop van tijd voor een overbelasting van de nekwervels zullen zorgen. Tevens komen de nek- en tussenschouderbladspieren onder een grotere spanning te staan. Gebruik daarom meer je autospiegels.

fout

fout

Stoel

- Indien je auto een verstelbare hoofd-
en lendensteun heeft, stel dan de
hoofdsteun zodanig in dat het achterhoofd goed tegen de steun rust, zonder
dat het hoofd te veel voorover- of ach-
terovergebogen wordt.
Stel de lendensteun zo in dat je niet
kunt doorzakken in het lendengedeelte. Anders zou je alleen maar een overbelasting van je wervels krijgen.
Bij auto's zonder vaste of verstelbare
nek- of lendensteun kan je beter een
kussentje plaatsen in zowel nek- als
lendengedeelte. Bay-Jacobson ontwik-
kelde kussentjes om beide te ondersteunen.
- Mensen die beroepshalve (vertegen-
woordigers, taxi- en vrachtwagenchauffeurs) vaak in de wagen moeten
zitten, doen er goed aan om zich
een orthopedische autostoel aan te
schaffen.
- Bij aankoop van een nieuwe auto op
volgende punten letten:
- een goede stoel met verstelbare nek- en
lendensteun en eventueel een regelba-
re zithoogte.
- een lage laaddrempel voor het in- en
uitladen van de bagage.

Tijdens lange ritten regelmatig, uiterlijk
om de twee uur, rustpauzes inlassen om
gedurende een tiental minuten de benen

te strekken en een aantal oefeningen te
doen voor nek en schouders.

In- en uitstappen

- Instappen:
  met de rug naar de zitting gaan staan,
  gaan zitten en dan gelijktijdig de
  benen naar binnen draaien.

- Uitstappen:
  de benen eerst tegelijk naar buiten
  draaien en dan door steun te nemen
  met je handen uit je wagen komen.

Houdingen in rust

Rust is van groot belang voor onze tussenwervelschijven, aangezien de druk hierop minimaal is op voorwaarde dat je in een goede houding en in een goed bed slaapt. Gedurende deze rustperiode zal de geleiachtige kern vocht aantrekken om je weer voor te bereiden op de belastende houdingen en bewegingen van de volgende dag. Als je in een goede houding en in een goed bed slaapt, is het mogelijk dat je de volgende ochtend één tot anderhalve centimeter groter bent dan de avond ervoor, louter en alleen door het feit dat de verschillende kernen voldoende vocht hebben kunnen opnemen.

Gedurende de nacht een slechte slaaphouding hebben en/of in een slecht bed slapen, zal een grotere druk op de tussenwervelschijven geven met als gevolg dat de kernen onvoldoende vocht hebben kunnen opslaan. Hierdoor zul je 's ochtends opstaan met rug- of nekpijnen of een gevoel van stramheid.

Aangezien je ongeveer een derde gedeelte van je leven in bed doorbrengt, kan het belang van een goed bed en een

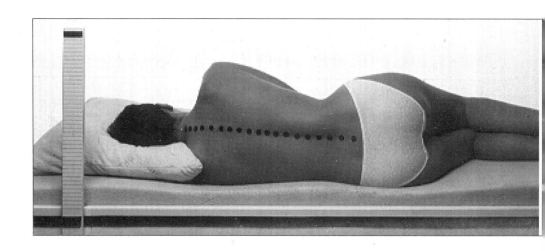

goede slaaphouding niet genoeg bena-
drukt worden.

De rusthouding die de minste druk uitoefent op de tussenwervelschijf noemen
we de PSOASHOUDING: hierbij ga je
op de rug liggen met de heupen en
knieën 90° gebogen en de onderbenen
ondersteund door kussens. Deze houding kun je toepassen in geval van erge
rugklachten, met eventueel uitstralende
pijn naar zitvlak en of benen. Zorg er
wel goed voor dat de nek voldoende
ondersteuning krijgt.

Wat is nu een 'verantwoord' bed?

In tegenstelling tot wat veel mensen denken, is het wel degelijk de bedbodem die je rug ondersteunt en het lichaamsgewicht opvangt. De matras helpt hierbij.

Aan de Katholieke Universiteit Leuven werden vier soorten bedbodems onderzocht:
- de netvering of spiraaldraadmatras
- de plank met gaten
- een gewone lattenbodem van hoge kwaliteit: houten buiglatten die in flexibele draagrubbers rusten.
- de ERGOSLEEP lattenbodem: een vernieuwing van de gewone lattenbodem. Elk paar latten kan afzonderlijk hoger of lager ingesteld worden, zodat de lattenbodem zich volledig kan aanpas-

sen aan het lichaam.
Onderzocht werd welke bodem je lichaam het best ondersteunt, d.w.z. in zijlig met een rechte rug en knieën en heupen gebogen in een hoek van 90°. Ook in ruglig moeten de natuurlijke krommingen bewaard blijven.

Het onderzoek rangschikte de bedbodems in de volgorde (van beste tot minder goede):

- Ergosleep lattenbodem:

Deze past zich volledig aan het lichaam aan, waardoor de natuurlijke krommingen in ruglig behouden blijven en in zijlig één rechte lijn vormt.
Dat wil zeggen dat een tweepersoonsbed moet uitgerust zijn met twee aparte lattenbodems, die elk afzonderlijk moeten ingesteld worden en reageren op je

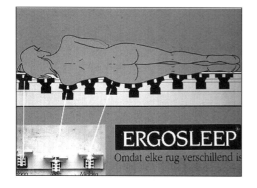

lichaamsbouw en -profiel.

De lattenbodem wordt aangepast aan je lichaam door de resultaten van een speciaal testbed dat het lichaamsprofiel registreert. De hieraan verbonden computer tekent de aangepaste lattenbodem uit, zodat je een volledig correcte ondersteuning krijgt.

Dit gebeurt door de hogere of lagere instelling van de lattenbodem. Bij belangrijke gewichtstoename of -afname, kan het bed steeds weer aan de nieuwe eisen aangepast worden, zodat het optimale slaapcomfort steeds gewaarborgd blijft.

- De gewone lattenbodem:

Doordat de latten kunnen doorbuigen op de draagrubbers, zullen de natuurlijke krommingen toch deels bewaard blij-

ven. De wervelkolom zal afwijken van de ideale horizontale lijn, vooral in zijlig, met verhoogde druk in de tussenwervelschijven als gevolg.

- De plank met gaten:

Gezien de plank niet kan meegeven, zal de wervelkolom doorzakken tussen schouders en heupen en zo de druk op je tussenwervelschijven verhogen.

- De netvering of spiraaldraadmat:

Geeft ook te weinig ondersteuning waardoor ook hier de schouders en de heupen de neiging hebben door te zakken. Ook hier worden de natuurlijke krommingen niet bewaard en zal er een verhoogde druk ontstaan op de tussenwervelschijven.

De matras

Een goede matras moet aan een aantal
voorwaarden voldoen:

- aangepast zijn aan de bedbodem
  (omdat hij de werking van de bodem
  doorgeeft aan het lichaam);
- hij moet flexibel en vormvast zijn;
- voor zover mogelijk moet hij gemaakt
  zijn van natuurlijke produkten, omdat
  deze beter dan synthetische materialen
  het transpiratievocht kunnen ventile-
  ren;
- hij moet makkelijk te onderhouden
  zijn (een afneembare hoes).

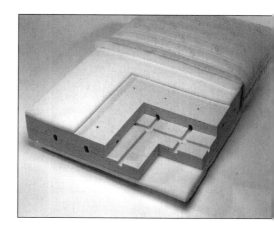

Het is zoals bij de lattenbodems aan te
bevelen in een tweepersoonsbed twee
aparte matrassen te gebruiken, omdat
het slechts zelden voorkomt dat twee
personen hetzelfde gewicht hebben. De
keuze van hardheid wordt in grote
mate bepaald door het persoonlijk com-
fortgevoel: hoe zwaarder de persoon,
hoe harder de matras moet zijn. Bij Ergo
sleep wordt zeker geen dikke matras
(dikker dan 15cm) aanbevolen, aangezien anders de lattenbodem een deel
van zijn ondersteunende rol verliest.Na
uiterlijk tien jaar kun je beter een nieuwe matras aanschaffen, omdat dan de
matras als het ware volledig zijn steu-
nende functie opgebruikt heeft, zelfs
indien je ze regelmatig hebt gedraaid.

Het hoofdkussen

Als je 's ochtends uit bed komt en een stijve nek hebt die de eerste ogenblikken pijn doet, is dit in veel gevallen te wijten aan onvoldoende steun op de nekwervels tijdens de nacht. Een klassiek dik hoofdkussen kan voor volgende problemen zorgen:

- in ruglig een verstoorde uitholling van de cervicale wervelkolom, waardoor er een overbelasting op de tussenwervelschijven zal ontstaan;
- in zijlig zal de horizontale lijn niet behouden kunnen blijven met alweer een te grote belasting tot gevolg.

Daarentegen zal een orthopedisch hoofdkussen ervoor zorgen dat de natuurlijke krommingen van de wervelkolom behouden blijven en de druk op je nekwervels niet te groot wordt.

Omdat elke persoon gedurende de nacht tussen de 30 à 50 keer draait zonder dit te beseffen, is een goed orthopedisch hoofdkussen van groot belang. Er zijn verschillende merken op de markt o.a. Bay-Jacobson, Sissel, The Pillow.

Uit objectief gedane testen, bleek meer dan 75% van de mensen te kiezen voor het Bay-Jacobson hoofdkussen.

In bed stappen en opstaan

Bij het in bed stappen ga je als volgt te werk: ga eerst op de rand van het bed zitten, ga dan op je zij liggen en ga dan pas, door gelijktijdig met benen en romp te draaien, op je rug liggen.

Om op te staan, draai je op de zij naar de rand van het bed toe. Trek je knieën op. Duw je daarna met de handen recht om de druk op je wervels te verlichten.

Kom nooit vanuit ruglig rechtop. Dit geeft een ernstige overbelasting op je tussenwervelschijven in het lendengedeelte.

De slaaphouding

Er zijn drie mogelijkheden: slapen op de buik, de rug of de zij.

- Buiklig:

Een houding die niet aan te bevelen is. Er ontstaat namelijk een te grote druk op je tussenwervelschijven zodat deze onvoldoende vocht kunnen opnemen. Tevens ontstaat er gelijktijdig een draaibeweging in de nekwervels, omdat het hoofd schuin gehouden wordt.
Mocht je het buikslapen absoluut niet kunnen of willen afleren, plaats dan een dik kussen onder je buik.

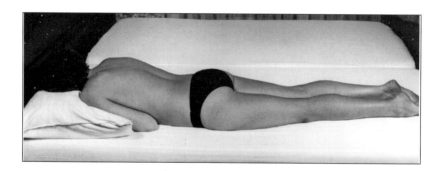

- Ruglig:

een houding waarbij de druk op de tussenwervelschijven gering is. Het nadeel van deze houding is dat het snurken bevorderd wordt en dat de druk van de ingewanden op de onder liggende organen en bloedvaten vergroot.

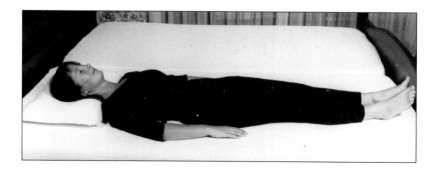

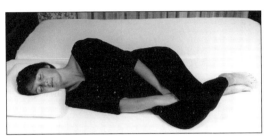

- Zijlig:

de meest voorkomende houding. Blijft je rug in zijlig recht, dan is er nauwelijks sprake van druk op de tussenwervel-schijven en er is ook veel minder druk op ingewanden en bloedvaten.

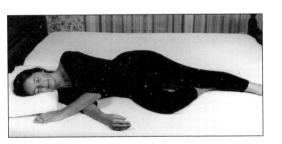

Normaal is zijlig veel minder stabiel dan ruglig, behalve als je de knieën optrekt (eventueel een kussentje of beide han-den tussen de knieën steken). Tevens kun je ook het bovenste been strekken en het onderste optrekken (in een hoek van 90° in knieën en heupen).

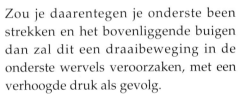

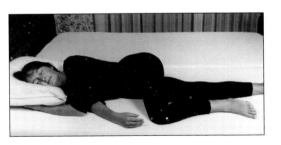

Zou je daarentegen je onderste been strekken en het bovenliggende buigen dan zal dit een draaibeweging in de onderste wervels veroorzaken, met een verhoogde druk als gevolg.

Met beide benen gestrekt liggen veroor-zaakt een te grote uitholling in het len-dengedeelte met weer een verhoogde druk als gevolg.

De in de hoogte verstelbare latten van het Ergosleep slaapsysteem zijn zo inge-steld dat het slaapcomfort zowel in rug- als in zijlig optimaal is.

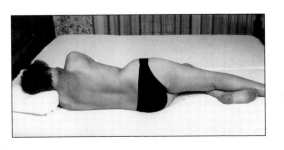

Het waterbed

De laatste jaren wordt er op allerhande manieren publiciteit gemaakt voor het waterbed als zaligmaker voor mensen met rugproblemen. Doch een WATER-BED IS GEEN WONDERBED.

Het heeft wel het voordeel dat de druk over het gehele lichaam verdeeld wordt, waardoor het zeer goede resultaten geeft bij langdurig bedlegerige patiënten om doorligwonden te vermijden. Bij zware brandwonden gebruikt men het omdat de contactdruk zeer gering is. Het zal tevens zorgen voor een goede doorbloeding.

Voor ruglijders daarentegen blijkt het toch niet optimaal te zijn, want:

- het biedt te weinig steun in het lendengedeelte;
- in zijlig zakt het bekken te diep in in de matras, waardoor het water zich zal verplaatsen naar de minder zware lichaamsdelen, voornamelijk naar de benen, waardoor het bekken kantelt en een grotere druk ontstaat op de tussen-wervelschijven met mogelijke overbelasting tot gevolg;
- transpiratievocht kan niet worden afgevoerd omdat het PVC-omhulsel van het waterbed dit vocht niet kan opnemen.

7 HOOFDSTUK : OMGAAN MET ZWAARDERE VOORWERPEN

Vrijwel dagelijks komt het voor dat wij voorwerpen moeten optillen of verplaatsen, licht of zwaar. Als dit niet op de juiste manier wordt gedaan, kunnen daar lichte, maar ook zelfs ernstige rugklachten uit voortkomen. De tiltechnieken die hierna beschreven worden, zullen je helpen rugpijn te voorkomen. Denk er wel aan: VOER DE HANDELINGEN STEEDS BEWUST UIT.
Pas na verloop van tijd zullen ze automatismen worden.

GOUDEN REGEL: TIL NOOIT IETS OP MET EEN BOLLE OF HOLLE RUG!

Beoordeel de situatie

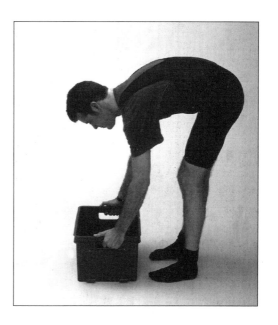

- Is het gewicht niet te zwaar om alleen te tillen?
  Max. tilgewicht: voor vrouwen 15 kg.
                 voor mannen   25 kg.
Bedenk hierbij dat de neiging om sterk te lijken reeds menig rugprobleem heeft veroorzaakt. Roep bij grotere gewichten liever de hulp in van derden of gebruik werktuigen.

- Houd rekening met je positie t.o.v. het voorwerp, zodat je geen draaibewegingen hoeft te maken met het bovenlichaam.
- Til nooit bij vermoeidheid, dit kan alleen maar tot overbelasting leiden.
- Schat goed het voorwerp in:
  - de grootte
  - het gewicht
  - de vorm

- zitten er handgrepen aan?
- Draag aangepaste kledij: als je bijvoorbeeld de vuilnisemmer buiten zet zul je ervoor zorgen dat je deze ver van het lichaam houdt om je kleding niet te bevuilen. Het zal daarentegen wel een overbelasting op de wervelkolom geven.

- Draag aangepast schoeisel: loop bijvoorbeeld niet met gladde zolen over een parketvloer.

- Zorg dat het traject vrij is:
  - hindernissen wegruimen
  - deuren openzetten.

- Bij lange trajecten rustpauzes inschakelen.

- Elk einddoel zal een andere aanpak vergen: hoger, lager, achter, zijwaarts, onder, in een kast, enz.

- Draag geen gewicht in je nek of op de schouders, het zal enkel een te grote belasting geven op je nekwervels en -spieren.

Afstand ten opzichte van je voorwerp

Het hefboomprincipe van een koevoet is alom bekend: met een korte lastarm (l) en een lange machtsarm (m). Met een relatief kleine kracht (K) kun je een grote last (L) in beweging zetten. Je rug daarentegen is geen koevoet. De machtsarm (m=afstand tussen draaipunt in tussenwervelschijf en de rug-spieren) is zeer kort en de lastarm (l=afstand tussen draaipunt en schouders) zeer groot. Buig nu vanuit je rug voorover: lastarm (l) zal zeer groot zijn met als gevolg dat de kracht (K) enorm groot moet zijn om een relatieve kleine last (L) op te tillen. Tevens zullen er grote drukkrachten optreden in nek en schouders.

Omdat de machtsarm niet kan veranderen, moet je de lastarm zo klein mogelijk maken en wel op de volgende manier:

- door het voorwerp heen te omkaderen, wordt de lastarm verkleind en het steunvlak vergroot, zodat je meer evenwicht hebt.
- draag de last steeds zo dicht mogelijk tegen het lichaam, liefst met gestrekte armen. Indien je dit niet kunt, laat het voorwerp op de onderarmen rusten.

Op deze manier belast je je rug minder dan wanneer je het voorwerp draagt met gebogen armen of zelfs op de schouder.

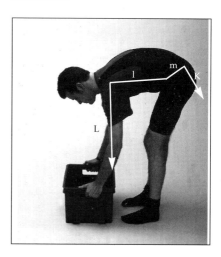

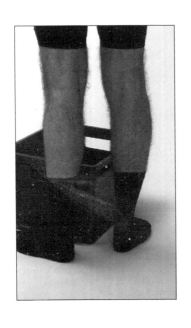

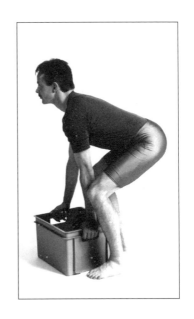

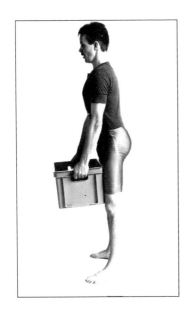

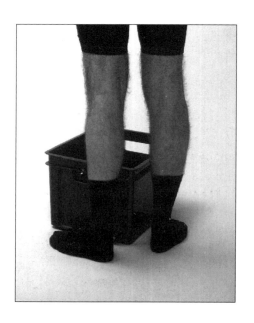

Zorg voor een goede steun en evenwicht

- Bij het tillen moet je er steeds voor zorgen dat je voeten plat op de grond staan, dit zorgt voor een stabieler evenwicht dan tillen met alleen steun van de voorvoeten.
- Het is beter lasten te verdelen over twee handen dan alles in één hand te dragen, bijvoorbeeld bij het boodschappen dragen.
- Daar waar mogelijk moet je met één hand steun zoeken zodat een deel van de belasting van de rug wordt overgedragen op de arm; bijvoorbeeld:
    - tillen van een emmer die tegen een muur staat;
    - met de hand of elleboog op de knie steunen als je iets van de grond wil oprapen.

Juiste tiltechnieken

Je kunt wel denken dat tillen met gestrekte benen goed is, omdat onze rugspieren gemaakt zijn om te tillen, maar niets is minder waar: tillen op die manier zal de wervelkolom alleen maar meer belasten. Je rugspieren dienen om de rug rechtop te houden en niet om te tillen. Het zijn daarentegen de voorste dijbeenspieren die gemaakt zijn om te tillen. Om deze spieren te gebruiken zul je heupen en knieën moeten buigen. Kijk maar eens naar de manier waarop gewichtheffers tillen en naar de omvang van hun voorste dijbeenspieren. Omkader het voorwerp, buig knieën en heupen en kantel je bekken gelijktijdig licht voorwaarts (zodat je als het ware een vlak lendengedeelte krijgt in de rug). Buig zo diep tot je met gestrekte armen het voorwerp kunt vastpakken. Houd het hoofd in het verlengde van de romp en kijk voorwaarts, dit om belasting op de nekwervels te vermijden. Strek nu gelijktijdig knieën en heupen tot je weer rechtop staat en zorg ervoor dat je de last dicht tegen het lichaam houdt met gestrekte armen. Om het voorwerp te verplaatsen, kun je het het beste tegen één dij laten rusten.

Veel voorkomende fouten:
- eerst de knieën strekken en dan de heupen
- eerst de heupen strekken en dan de knieën
- schouders te hoog optrekken, wat een te grote belasting geeft op je nekspieren
- te diep door de knieën gaan.

Een hulpmiddeltje om juist te tillen is een lange ketting met iets eraan om de nek hangen. Als de ketting in het midden hangt van het te tillen voorwerp, dan sta je goed om de tilbeweging te beginnen.

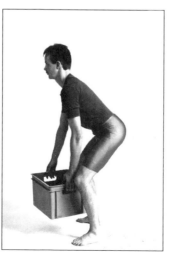

Bij voorwerpen zonder handgrepen kun je volgende techniek toepassen:
- kniel op één knie en plaats deze tegen het voorwerp. De andere voet plaats je naast het voorwerp;
- neem het voorwerp vast met beide handen en trek het op de dij omhoog;
- plaats het voorwerp nu op de andere dij door gelijktijdig de dij omhoog te brengen en het voorwerp te verplaatsen;
- kom nu rechtop door jezelf op de benen recht te duwen;
- ook hier het voorwerp dicht tegen je lichaam houden.

Tillen moet steeds gecontroleerd gebeuren en nooit bruusk, omdat de rug anders een te grote belasting ondergaat.

Iets van de grond oprapen of ergens inzetten kan je met de golversbeweging doen.

Om een voorwerp ergens op te plaatsen, kun je een extra duwtje geven met de dij. Let wel dat je de dij tegen het voorwerp houdt tot het rust. Dan pas mag je het been weer strekken. Ook draaibewegingen vermijden.

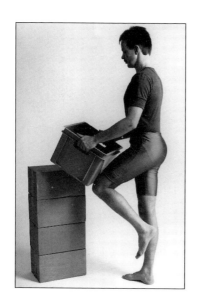

Om een emmer op te tillen, moet je door beide benen buigen. Het is beter twee halve emmers te dragen dan één zware.

In- en uitladen van de autokofferbak

- Leg een deken over de rand van de bagageruimte en bumper;
- Geef je voorwerp een extra zetje met je dij;
- Laat het voorwerp rusten op de rand van de bagageruimte en neem steun met de knieën tegen de bumper. Het

voorwerp een weinig optillen. Door je heupen en knieën te buigen, plaats je het voorwerp in de autokoffer, een krat met flessen bijvoorbeeld.
- Laat zware voorwerpen vooraan staan en plaats de lichtere met de golversbeweging achteraan.
- Bij het uitladen omgekeerd te werk gaan.

HOOFDSTUK 8 : ONTSPANNINGSOEFENINGEN OF RELAXATIE

Ontspanning is een techniek die je kunt toepassen om zowel geestelijk als lichamelijk tot rust te komen en als het ware een herstelproces op gang te brengen. Ontspanning kan gebruikt worden om:

- pijn te doen verminderen
- in te slapen
- de spanning of stress eventjes van je af te zetten.

Om goed te ontspannen moet je een aantal zaken in acht nemen:

- Zorg eerst en vooral voor een rustige omgeving waar je niet gestoord wordt en waar geen storende geluiden heersen.

- Neem voldoende tijd om te ontspannen en laat je gedachten niet afdwalen naar het werk of andere problemen.

- Draag losse, niet knellende kledij en trek je schoenen uit.

- Een rustige achtergrondmuziek kan de ontspanning nog bevorderen.

- Zoek een makkelijke uitgangshouding en plaats een kussen onder je hoofd.

- Concentreer je volledig op het gevoel van spierspanning en -ontspanning.

- Pas een buikademhaling toe. Inademen door de neus en tegelijk een dikke buik maken, uitademen door de mond en de buik wordt weer vlak. Adem gedurende de ontspanning op een oppervlakkige manier.

Uitgangshouding

Ga liefst van al op een gymnastiekmat
liggen op de rug. Indien je er geen bezit,
kan een dik tapijt ook een oplossing bieden.
Leg de armen naast je lichaam, benen
gestrekt en voeten ontspannen.
Sluit nu de ogen en houd ze gedurende
de ontspanning gesloten.
Voel nu hoe hoofd, schouders, armen,
rug, zitvlak, benen en hielen contact
hebben met de mat.

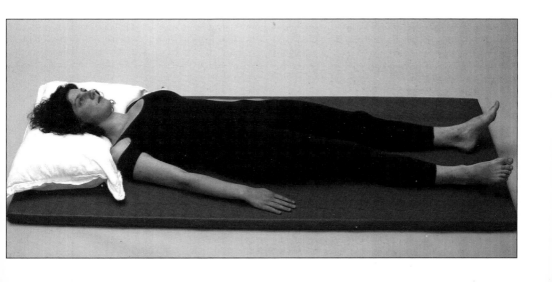

Oefeningen

Hoofd:

- druk het hoofd tegen het kussen, 5 tellen vasthouden en dan langzaam ontspannen
- frons je voorhoofd, 5 tellen vasthouden en weer loslaten
- knijp de ogen dicht, 5 tellen vasthouden en langzaam ontspannen
- klem goed de tanden op elkaar, 5 tellen vasthouden en weer loslaten
Blijf steeds heel rustig en oppervlakkig ademen.

Schouders:

- trek de schouders op, 5 tellen vasthouden en langzaam loslaten
- druk je schouders in de mat, 5 tellen vasthouden en weer loslaten
- breng je schouders naar voor, 5 tellen vasthouden en langzaam loslaten.

Armen:

- druk linkerarm in de mat, 5 tellen vasthouden en langzaam loslaten
- doe hetzelfde met de rechterarm
- bal je linkerhand tot een vuist en span de linkerarm op, 5 tellen vasthouden en loslaten
- doe hetzelfde met je rechterhand
- linkerarm een stukje van de grond hef-

fen, 5 tellen vasthouden en laten vallen.

Denk eraan nog steeds rustig te blijven ademen.

Rug:

- trek je buik in en span je bilspieren op, 5 tellen vasthouden en langzaam loslaten.

Benen:

- druk het linkerbeen in de mat, 5 tellen vasthouden en langzaam loslaten
- doe hetzelfde met je rechterbeen
- linkerbeen een stukje van de grond heffen, 5 tellen vasthouden en laten vallen
- doe hetzelfde met het rechterbeen.

Voeten:

- trek de voeten naar je toe, 5 tellen vasthouden en weer loslaten
- duw de voeten van je weg, 5 tellen vasthouden en weer loslaten.

Span nu eens goed het gehele lichaam op: achtereenvolgens hoofd, schouders, armen, rug, benen en voeten tot elk spiertje in je lichaam gespannen is, 5 tellen vasthouden en daarna langzaam in omgekeerde volgorde ontspannen. Oefening één keer herhalen.

Je bent nu totaal ontspannen en de ademhaling is heel rustig en heel oppervlakkig. In deze houding voel je je goed. Geniet zolang je wilt van deze totale ontspanning, weg van de dagelijkse rompslomp.

We gaan nu de ontspanning beëindigen door ons langzaam voor te bereiden op de terugkeer naar het dagelijkse levensritme.

- Trek de voeten enkele keren naar je toe en duw ze ook een aantal keren van je weg.
- Maak kleine kringetjes met de voeten, een aantal keren in de ene richting en een aantal keren in de andere richting.
- Buig en strek het linkerbeen en daarna het rechterbeen.
- Tokkel eens rustig met de vingers op de mat.
- Draai de polsen een aantal keren rond in beide richtingen.
- Buig en strek de linkerarm een aantal keren en daarna ook de rechterarm.
- Leg de armen boven je hoofd op de grond en rek je goed uit van top tot teen. Adem diep in door de neus en uit door de mond. Breng de armen langzaam terug naast je lichaam. Herhaal de oefening één keer.
- Open langzaam de ogen en kom in je eigen tempo via zijlig tot zit.
- Blijf eventjes rechtop zitten en sta dan langzaam op.

Opmerkingen

De eerste maal zul je met deze oefeningen niet tot volledige ontspanning komen, maar hoe vaker je deze oefeningen herhaalt, hoe beter het zal lukken.

Om de ontspanning echt goed te beleven, kun je het beste de oefeningen opnemen op cassette en afspelen terwijl je de ontspanningsoefeningen begint.

9 HOOFDSTUK : KINDEREN

Statistieken tonen aan dat het met kinderen van kwaad naar erger gaat. Drie jaar geleden bleek tijdens onderzoeken dat één op drie zeventienjarigen reeds last had van zijn rug. Eind verleden jaar bleek dit reeds twee op drie te zijn.

Oorzaken van dit toenemende percentage aan rugklachten bij jongeren:

- slechte houdingen, zowel zittend als staand; zowel thuis als op school
- onvoldoende lichaamsbeweging, zeker te weinig op school.

Slechte houdingen

Op school en thuis zitten kinderen niet meer, ze hangen of liggen. Leer je kinderen thuis rechtop zitten, vooral bij het televisiekijken, aan tafel en tijdens het studeren. Geef je kinderen een goed bureau, met eventueel schuin instelbaar werkvlak, zodat het werk naar de ogen toekomt en niet omgekeerd. Een goede bureaustoel is zeker geen overbodige luxe. Op dit gebied zijn ook hier de stoelen die het zitten met een open hoek toelaten het beste. Probeer hen in te prenten dat ze op school zo dicht mogelijk tegen hun lessenaar moeten gaan zitten en steeds goed rechtop blijven. Hun hoofd mag niet te ver voorovergebogen worden om overbelasting van de nekwervels te vermijden.

fout

Op school heeft men niet de keuze van een goede stoel of goede lessenaar, maar hier kan bv. een zitkussen (ZITWIG) of schrijfsteun (ERGOSCRIPT) een oplossing bieden.

Sinds 1993 werden in vier Vlaamse scholen proefprojecten met zitballen opgestart met zeer bemoedigende resultaten. De diameter van de bal is afhankelijk van de grootte van het kind. De bal moet toelaten om met afhangende bovenbenen te zitten (hoek tussen bovenbenen en romp moet kleiner zijn dan 110°, maar groter dan 90°), de voeten moeten plat op de grond rusten.

Tevens krijgt men op deze ballen voldoende beweging en zit men niet de ganse tijd stil.

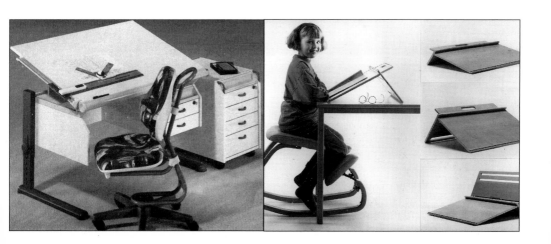

Als je kinderen ziet wandelen hebben ze een slappe houding (afhangende schouders, hoofd naar voor geneigd en doorgezakt in het lendengedeelte) waardoor ze een bepaald deel van hun wervelkolom overbelasten met vroeg of laat rugklachten tot gevolg.

Zowel thuis als op school zou meer aandacht moeten worden besteed aan het leren behouden van hun natuurlijke krommingen. Corrigeer als ouder regelmatig je kinderen. In de lessen lichamelijke opvoeding zou men er beter aan doen meer aandacht te besteden aan de versteviging van die spiergroepen die de natuurlijke krommingen helpen bewaren.

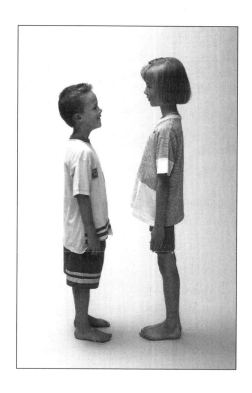

Rugspierbelastende gymnastiek, zoals de flik-flak, de handstand overslag, het rad, moet tot een minimum herleid worden. Bij de buikspieroefeningen moet erop worden toegezien dat alleen die oefeningen gedaan worden die geen te grote belasting op de wervelkolom geven. Voorbeeld: bij de klassieke sit-up worden de onderste segmenten te veel belast en de lendenuitholling zal ook vergroten. Tevens moeten kinderen erop worden gewezen dat een goede rechte houding hen later veel problemen kan besparen.

Je ziet kinderen vaak lopen met hun boekentas in de hand, helemaal naar één zijde geneigd. Dit kan alleen maar voor problemen zorgen. Ten eerste is

Het is beter een bedje of wieg te kopen waarvan de matrashoogte kan worden versteld en waarvan de zijkanten naar beneden kunnen worden geklapt om je rug en nek te ontlasten. Hetzelfde geldt voor een kinderbox.

Mocht je toch een slechte wieg, bedje of box bezitten, dan kun je beter door de knieën en heupen buigen zoals bij het tillen van voorwerpen. Buig het hoofd niet te ver voorover om overbelasting van de nekwervels te vermijden.

- Draag de baby zo dicht mogelijk tegen het lichaam en zeker niet op één heup, omdat je dan weer één zijde van de wervelkolom gaat overbelasten, samen met één schouder.

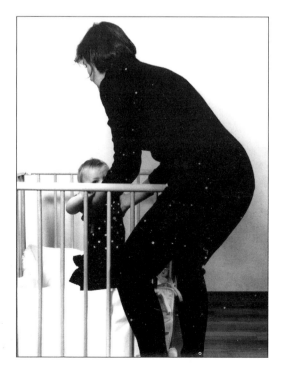

- Steeds vaker zie je moeders wandelen met hun baby in een draagzak aan de voorzijde van hun lichaam. Dit geeft dezelfde problemen als tijdens de zwangerschap met daarbovenop nog een grotere belasting op de schouder- en nekspieren. Draag je baby liefst op de rug.

- De MAXI-COSI mag dan een goede uitvinding zijn om de baby makkelijk in mee te nemen als je wegmoet, het dragen ervan ter hoogte van één elleboog zal voor een overbelasting zorgen van een deel van de wervelkolom, zowel in het nek-, schouder-, borst- en lendengedeelte. Probeer daarom het gebruik ervan tot een minimum te herleiden.

- De baby in een autostoeltje plaatsen geeft ook vaak problemen, omdat je meestal voorovergebogen en gedraaid staat. Plaats het stoeltje liever in het midden van de achterbank en als je de baby erin zet, plaats dan één knie naast het stoeltje op de achterbank.

De beste oplossing zou een autostoeltje zijn dat je aan één zijde van de achterbank kunt plaatsen en dat je naar de deur toe kunt draaien om de baby erin of eruit te zetten.

- Zorg er bij een kinderwagen voor dat de duwstang lang en hoog genoeg is, zodat je rechtop kunt wandelen met ontspannen schouders. Bij het erin leggen of eruit nemen door de heupen en knieën buigen.

- Buig niet voorover vanuit de rug om
de baby in zijn relaxstoeltje te zetten of
eruit te nemen. Ga liever op één knie
zitten, neem de baby vast en kom dan
overeind terwijl je de baby dicht tegen
het lichaam houdt.

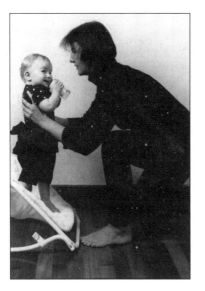

- Zorg voor een stevig kinderstoeltje en plaats je peuter erin van achter de stoel. Een kinderstoeltje "Trip Trap" groeit zelfs met je kind mee gedurende enkele jaren en zal je peuter en kleuter goed ondersteunen in zijn rug.

12

HOOFDSTUK : RUG EN SPORT

Zoals reeds eerder gezegd evolueren we meer en meer tot een homo sedens (zittende mens) en bewegen we uiteindelijk veel te weinig.

We zouden meer aan lichaamsbeweging moeten doen om de spieren op een dynamische manier (samentrekken en loslaten) te laten werken, hetgeen de bloedcirculatie bevordert en schadelijke afvalstoffen, die tot verkramping kunnen leiden, afvoert.

Je kunt op verscheidene manieren meer gaan bewegen, bijvoorbeeld door het uitoefenen van een bepaalde sport.

Ben je totaal niet sportief dan is het raadzaam om langzaam te beginnen en je zeker niet te oververmoeien. De eerste dagen kan je stramme spieren hebben, daarom zijn rekoefeningen voor en na het sporten belangrijk. Enerzijds zullen ze je spieren voorbereiden op inspanningen, anderzijds zullen na het sporten de afvalstoffen erdoor uit de spieren verwijderd worden.

Om tijdens het sporten rugproblemen te voorkomen, moet je degelijk materiaal gebruiken en een goede techniek.

Bepaalde sporttakken zullen minder geschikt zijn als je een zwakke rug hebt. Medisch onderzoek is raadzaam.

Pas je sporttak aan aan je leeftijd.

We zullen een aantal sporten nader bekijken.

Zwemmen

Is één van de weinige aan te bevelen sporten als je rugproblemen hebt. In het water wegen we namelijk merkelijk minder, hetgeen een geringe belasting van de rug betekent.

Zwemmen in te koud water is niet aan te bevelen omdat het tot grote spierspanningen kan leiden.

Rugcrawl is de beste zwemstijl voor de rug. Bij schoolslag mag je niet zwemmen met het hoofd boven water wegens de te grote belasting op de nekwervels en de vergrote uitholling in het lendengedeelte.

Borstcrawl en vlinderslag of dolfijnslag zijn niet raadzaam aangezien ze vooral de borstspieren verstevigen en daardoor de dorsale kromming alleen maar accentueren.

Sier- of torenduiken kun je beter niet doen gezien de te grote krachten die voornamelijk inwerken op je nekwervels bij het contact met het water.

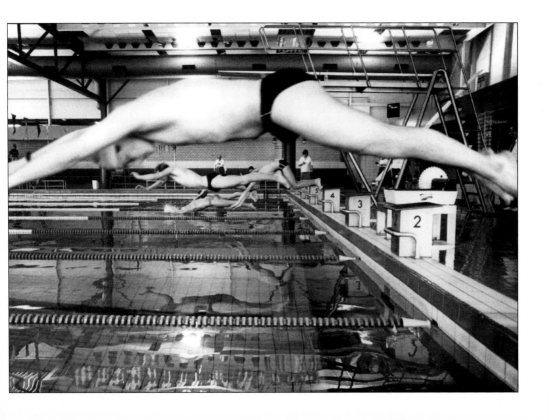

Wandelen

Tijdens het wandelen ervoor zorgen dat je stevig schoeisel draagt met dikke zolen om de schokken op te vangen en steun te geven aan de voet. Let ook goed op je houding, niet alleen die van de onderrug, maar ook van hoofd en schouders.

Jogging

Neem voor je met joggen begint een aantal punten in acht:
Koop goede joggingschoenen:

- geen te zware sportschoenen
- goede ventilatie
- voldoende steun
- verende zolen (gel- of luchtvering)
  om de schokken op te vangen.

Vermijd het lopen op een verharde ondergrond (asfalt, stenen of beton) omdat dit te grote schokken met zich meebrengt. Het is beter om op zachte bosgrond of een grasveld te lopen.

Houd vooral rekening met een goede trainingsopbouw. Bij aanvang niet langer dan 20 à 30 minuten lopen met een maximale polsslag van 130/min. Stilaan kun je de looptijd gaan opvoeren. Na ongeveer zes weken zijn de spieren voldoende ontwikkeld en kun je met een echt trainingsschema beginnen.

Bij overbelastingletsels zoals ontstekingen ter hoogte van knieën of achillespees, steeds voldoende rust nemen om de letsels te laten genezen. Begin zeker niet te vlug weer met joggen.

Fietsen

Door het lage stuur van een racefiets zul je in een voorovergebogen houding zitten, hetgeen een te grote belasting op nek- en rugspieren zal geven. Heb je nek- of rugproblemen tijdens of na het fietsen, verander dan van houding door de handen bovenop het stuur te plaatsen of een triathlonstuur te monteren (hier rust je met je onderarmen op het stuur).

Brengen deze veranderingen nog geen beterschap, dan kun je beter van sport veranderen.
Let ook op de houding van het hoofd: houd het steeds in het verlengde van de rug. Gewoon fietsen: zit steeds goed recht op je fiets, plaats eventueel het stuur een beetje hoger om het rechtzitten te bevorderen.

Laat een verend zadel monteren om het grootste deel van de schokken die je krijgt op te vangen.
Stippel indien mogelijk een traject uit met een zo glad mogelijk wegdek.

Yoga

Kan zeer ontspannend werken voor de rug- en nekspieren. Probeer de rugbelastende houdingen zoveel mogelijk te vermijden.

Fitness, aerobics, stepping, callanetics

Fitness:

Zorg voor een goede begeleiding om rug- en nekbelastende oefeningen te vermijden. Bij gewichtstrainingen nek- en rugspieren goed beschermen. Houd de schouders steeds laag en naar achter en de onderrug niet hol of bol.

Gebruik geen te grote gewichten, het is beter om veel herhalingen te doen met relatief kleine gewichten.
Pas na verloop van tijd het gewicht progressief opvoeren.

Aerobics:

Is relatief rugbelastend gezien de hoge intensiteit en de te bruuske bewegingen.

Stepping:

Zolang het op een rustige manier uitgevoerd wordt, zul je weinig problemen ondervinden.

Callanetics:

Hierbij zul je de spiergroepen die je nodig hebt om de natuurlijke krommingen te bewaren voldoende oefenen. Oefen wel met kleine groepjes en onder begeleiding, zodat men kan toezien op de correcte uitvoering.

Turnen

Te veel turnverenigingen houden weinig of geen rekening met het uitvoeren van rugbelastende oefeningen. Informeer hier terdege naar voor je je aanmeldt.

Tennis

Is een vrij rugbelastende sport door de continue draaibewegingen van de romp indien je onvoldoende techniek hebt.

Neem de volgende raadgevingen ter harte:

- gravel en gras zullen minder belastend zijn dan een harde ondergrond;
- rek steeds je spieren voor je begint;
- draag schokabsorberende en torsievermijdende tennisschoenen;
- neem lessen om de juiste techniek onder de knie te krijgen. Je zult nadien de rug minder belasten.
- let wel op bij smashes en opslagen,

daar zij door de overdreven uitholling die je krijgt in het lendengedeelte wel rugbelastend zijn.

- gebruik een tennisracket dat licht is en een deel van de trillingen opvangt. Het zal een overbelasting van schouders en nek vermijden.
- krijg je toch last van de rug tijdens of na het spel, stop er dan onmiddellijk mee tot je klachten volledig verdwenen zijn.

Squash

Is zeker niet aan te bevelen gezien de korte en bruuske bewegingen op een harde ondergrond. Er worden continue draaibewegingen met de romp uitgevoerd, die samen met de korte en bruuske bewegingen een te grote belasting veroorzaken.

Golf

Is al even belastend voor je rug en nek als tennis. Ook hier is een juiste techniek van groot belang. Bij klachten ook weer stoppen tot ze voorbij zijn.

Skiën

- Alpineskiën:
- neem les voor een goede techniek
- warm goed op en draag aangepaste kledij die je beschermt tegen de koude
- is je rug niet al te sterk, gebruik dan een lumbale (lende)steun
- ski niet op ijs of in diepsneeuw
- sta soepel op je ski's om de schokken met de knieën op te kunnen vangen.

Langlaufen:

is beter geschikt voor mensen met een zwakke rug, daar het veel minder belastend is voor rug en nek dan alpineskiën.

Windsurfen

Is zeker niet aan te bevelen voor mensen met een zwakke rug, vooral als ze geen goede techniek hebben. Alvorens te beginnen een stevig spiercorset opbouwen van buik-, lage rug en voorste dijbeenspieren. Tevens tussenschouderblad- en armspieren goed trainen.
Hijs je zeil nooit met gekromde rug, maar met een rechte rug en gebogen knieën. Door gelijktijdig heupen en knieën te strekken komt je zeil uit het water.

Plaats de wishbone op schouderhoogte en houd gedurende het surfen de schouders laag en naar achter. Buig tijdens het surfen je romp nooit voorwaarts, gezien dit een te grote belasting op de onderrug geeft. Maak liever gebruik van de trapeze.

Volleybal, basketbal en handbal

Zeker niet aan te bevelen, gezien het gespeeld wordt op een harde ondergrond en er veel wordt gesprongen. De schokken die hierdoor veroorzaakt worden op je tussenwervelschijven zullen veel te groot zijn, met overbelasting tot gevolg.

Paardrijden

Vooral de gewone stap en de draf zijn bevorderlijk voor het aanleren van een correcte houding van je rug.
Galop kan dan weer erg belastend zijn.
Kinderen en vooral meisjes onder de twaalf jaar niet te veel laten paardrijden.

Gevechtssporten

Een sporttak die niet alleen erg rugbelastend is, maar ook rugproblemen kan veroorzaken door onder andere verkeerd vallen.
Vooral met jonge kinderen oppassen, want hun wervelkolom is nog niet volgroeid.

Voetbal

Zolang het recreatief wordt beoefend bestaat er niet zoveel gevaar voor rug en nek.

10 HOOFDSTUK : RUG EN WERK

Meer dan 75% van de actieve bevolking tussen de 30 en 35 jaar klaagt vroeg of laat wel eens over zijn rug of nek. Niet alleen mensen met een rugbelastende job, maar ook mensen met een schijnbaar niet-belastende job.

Bij bepaalde groepen ligt dit percentage relatief hoog:

-gezondheidssector   77 %

-bouw   74 %

-vrachtwagen- en taxichauffeurs 71 %

-bedienden   67 %

Deze cijfers zijn verontrustend en wijzen erop dat er op het gebied van preventie en ergonomie nog een hele weg af te leggen is. Men is er in vele sectoren wel mee bezig, maar de oplossingen die men biedt zijn niet altijd even heilzaam. Overal op het werk zouden minstens initiatielessen moeten worden gegeven om rug- en nekklachten te voorkomen. Er zou meer medisch onderzoek moeten komen om de geschiktheid van iemand na te gaan voor een bepaalde rugbelastende job. Je kunt echter voor jezelf uitmaken of rug en nek er wel tegen bestand zijn om een bepaalde job uit te oefenen. De volgende vragenlijst kan je hierbij helpen:

- Heb ik al eens rug- of nekpijn gehad?
    neen   = 1
    ja   = 2

- Zo ja, hoe dikwijls?
    minder dan 2 keer   = 1
    2 tot 5 keer   = 2
    meer dan 5 keer   = 3

-Bleef ik wel eens geblokkeerd?
    neen   = 1
    ja   = 2

-Hoe lang heeft de laatste pijnlijke periode geduurd?
    minder dan 5 dagen   = 1
    tussen 2 en 20 dagen = 2
    langer dan 20 dagen = 3

-Hoeveel pijnlijke periodes had ik het afgelopen jaar?
    1 tot 2   = 1
    2 tot 5   = 2
    meer dan 5   = 3

-Werd ik al eens aan de rug geopereerd?
    neen   = 1
    ja   = 4

-Had ik al eens een wervelbreuk?
    neen   = 1
    ja   = 3

-Heb ik rugsparende technieken onder de knie?

neen	= 2
ja	= 1

-Heb ik een erfelijke rugkwaal?

neen	= 1
ja	= 2

-Beperkt mijn rug- of nekpijn mijn bewegingen?

* Tijdens dagelijkse bezigheden

neen	= 1
ja	= 2

* Bij het knutselen

neen	= 1
ja	= 2

* Bij huishoudelijk werk

neen	= 1
ja	= 2

-Moet ik dagelijks met de auto lange afstanden afleggen?

neen	= 1
ja	= 2

- Werd ik ooit voor nek - of rugklachten gehospitaliseerd?

neen	= 0
1 tot 2 keer	= 4
meer dan 2 keer	= 6

Hoe dikwijls moest ik het afgelopen jaar een arts raadplegen i.v.m. rug- of nekklachten?

niet	= 0
1 tot 4 keer	= 1
meer dan 4 keer	= 5

Bereken je ideaal gewicht (I. G.)

$$I.G. = T - 100 - \frac{T - 150}{a}$$

T = lengte in cm
a = 4 voor de man
2,5 voor de vrouw

Bereken het verschil tussen je reëel gewicht (R.G.) en je ideaal gewicht (I.G.) : R.G. - I.G.

verschil kleiner of gelijk aan 1	= 0
verschil tussen 1 en 1,3	= 2
verschil tussen 1,3 en 1,5	= 4
verschil gelijk aan of groter dan 1,6	= 5

Tel de punten op en je zult je herkennen in één van de volgende categorieën

14 tot 16 punten	sterke rug;
17 tot 23 punten	goede rug;
24 tot 33 punten	middelmatige rug ;

34 tot 43 punten   zwakke rug;

meer dan 43 punten ernstige rugproblemen.
Raadpleeg een gespecialiseerd arts.

Beroep en rugrisico's

De volgende vragenlijst geeft een rede-
lijk juist beeld van de risico's die je
loopt in de uitoefening van je beroep.

*Hoe vaak had je het afgelopen jaar rug-of
nekklachten ten gevolge van je beroep?*

geen	= 0
1 tot 3	= 4
meer dan 3	= 6

Hoeveel tijd breng je zittend door?

8 uren	= 3
4 tot 8 uren	= 1
minder dan 4 uren	= 0

*Hoe lang verricht je dagelijks lichte handen-
arbeid (onder de 10 kg)?*

langer dan 4 uren	= 4
1 tot 4 uren	= 2
minder dan 1 uur	= 0

*Hoe lang verricht je dagelijke zware han-
denarbeid (boven de 10 kg)?*

langer dan 6 uren	= 6
1 tot 2 uren	= 4
30' tot 1 uur	= 1
minder dan 30'	= 0

*Hoe lang wordt je dagelijks blootgesteld aan
trillingen?*

meer dan 4 uren	= 4
tussen 1 en 4 uren	= 2
minder dan 1 uur	= 0

*Tel bij het resultaat het aantal punten naast
het beroep dat je uitoefent of wat er het beste
mee kan worden vergeleken:*

verpleegkundig	6
schoonmaker	5
mechanicus, turn- of skileraar, metaalbewerker	4
bouwvakker, chauffeur van truck of taxi	3
kantoorbediende, secretaresse, loketbediende, ingenieur	1

*Aan de hand van je score kan je nu uitma-
ken hoe rugbelastend je job is:*

5 tot 10 punten weinig belastend

10 tot 15 punten nogal belastend

15 tot 20 punten belastend

meer dan 20 punten zeer zwaar belastend

Vergelijk nu het behaalde resultaat met je rugprofiel. Je kunt dan de risico's op rug- of nekklachten in je beroep inschatten.

Rugprofiel	werkprofiel
sterk	zeer belastend
goed	gewoon belastend
middelmatig	minder belastend
zwak	heel weinig belastend

Deze vragenlijst en tabellen kunnen helpen bij het kiezen of veranderen van een job om rug- of nekklachten te voorkomen. Probeer dus in de mate van het (economisch) mogelijke je werkprofiel aan te passen aan je rugprofiel.

Preventie op je werk

Je kunt rugscholing gaan volgen, maar terug op het werk stel je vast dat al hetgeen je geleerd hebt eigenlijk niet toe te passen is gezien de werkomstandigheden.
Daar rugpreventie alleen maar nut kan hebben indien het de klok rond toegepast wordt, zou je dus ook de werkomstandigheden moeten kunnen aanpassen.
Elke werkgever zou zijn personeel vormingssessies moeten laten volgen om tijdens het werk rugvriendelijke houdingen en bewegingen aan te nemen.

De arbeidsgeneesheer kan hierbij een belangrijke rol spelen. Verder zouden enkele eenvoudige ergonomische aanpassingen al veel belastende bewegingen uitsluiten.

Voorbeeld:
iemand van 1,55 m die continu boven zijn hoofd moet werken en iemand van 2 m die tegen de grond moet werken. Verwissel beide personen van plaats en er zal al wat minder belastend gewerkt worden zonder dat dit geld gekost heeft. Collectieve gymnastiek gedurende een aantal minuten per week, aangepast aan de arbeidsomstandigheden, kan al veel verlichting brengen. Dit systeem blijkt in Japan enorm succes te hebben.

Ergonomie

Er moet een meer ergonomische werkomgeving gecreëerd worden, met andere woorden de werkomstandigheden moeten aangepast worden aan de werknemer.

Bij nieuw op te richten bedrijven zou het mogelijk zijn aandacht te besteden aan de ergonomische werkomstandigheden (aangepaste machines, materiaal, bureau's, stoelen, enz.) zodat men zo goed als niet meer rugbelastend hoeft te werken. Op relatief korte termijn zou het werkverzuim drastisch dalen. Tevens zou er onder veel minder stress gewerkt worden hetgeen de rentabiliteit en productiviteit ten goede zou komen. In bestaande bedrijven is het echter niet mogelijk om het roer ineens drastisch om te gooien, gezien de meestal extreem hoge kosten die dit met zich meebrengt. Doch hier is het wel mogelijk om stilaan een andere richting in te slaan.

Men kan beginnen, in samenspraak met de arbeidsgeneesheer en/of een gespecialiseerd ergonomisch bureau, hulpmiddelen te zoeken om de meest rugbelastende jobs te ontlasten. Nadien kan men progressief stappen ondernemen om zaken die rugbelastend werk bevorderen te gaan vervangen door rugvriendelijke zaken.

Wel moet men steeds het gehele bedrijf, van hoger kader tot arbeider aanpakken, anders zou er wel eens onvrede kunnen komen. Als iedereen thuis dan ook nog verder aan rugpreventie zou doen, zouden vele problemen binnen bepaalde arbeidskaders kunnen opgelost worden.

Ter bescherming van de werknemer verscheen op 12.8.1993 een Koninklijk Besluit aangaande het manueel heffen en tillen. De inhoud hier uiteenzetten zou je niet veel wijzer maken gezien de vele onduidelijkheden die het bevat. Desalniettemin is het een stap in de goede richting.

Besluit

Rug- en nekklachtenpreventie op het werk kan zelfs op relatief korte termijn vruchten afwerpen en het scheppen van een rugvriendelijke werkomgeving komt de werknemer zeker ten goede. Hij zal veel meer arbeidsvreugde krijgen en veel minder stress. In landen waar men dit systeem al jarenlang toepast (V.S., Noorwegen, Zweden) blijkt er ook veel minder werkverzuim te zijn, hetgeen de werkgever dan weer ten goede komt.

14 HOOFDSTUK : REKKINGSOEFENINGEN (STRETCHING)

Je kunt rekoefeningen doen om spanningen in spieren te verminderen, vooral in de spieren die reeds verkort zijn. Gedurende jaren door het leven gaan met afhangende schouders zal bijvoorbeeld vaak een verkorting van de borstspieren veroorzaken omdat de tussenschoudersbladspieren onvoldoende ontwikkeld zijn. Om je natuurlijke krommingen te herstellen, moet je dan niet alleen de tussenschouderbladspieren verstevigen, maar ook de borstspieren rekken.

Door rekoefeningen zul je een betere coördinatie krijgen waardoor je vrijer en makkelijker gaat bewegen. Je leert jezelf beter kennen zodat een correcte lichaamshouding ontwikkeld kan worden. Rekoefeningen bevorderen ook de bloedsomloop. Je leert je grenzen kennen en vermindert zo de kans op letsels.

Hoe moet je rekoefeningen toepassen?

- Je kunt het beste rekoefeningen 's ochtends doen, zodat de spieren in een betere conditie zullen verkeren om de dagelijkse bezigheden aan te kunnen. Ook gedurende de dag kunnen enkele rekoefeningen tussendoor gedaan worden.
- Een goede rek gebeurt ontspannen en wordt tussen de 10 à 30 tellen aangehouden.

Concentreer je gedachten op de te rekken spier of spiergroep.
- Rek tot je een lichte rek voelt in de betrokken spier of spiergroep. Als je de spier gaat rekken tot ze pijn doet, gaat deze samentrekken in plaats van te ontspannen door dat er een beschermingsmechanisme optreedt.
- Nooit naveren tijdens het rekken.
- Rekoefeningen mogen nooit pijn doen.
- Blijf gedurende de rekoefening steeds rustig dooradmen.
- Na regelmatig oefenen, zal je tijdens het rekken de spierspanning verminderen. Rek dan iets verder tot je weer een lichte spanning voelt.

Oefeningen

Hoofd, nek en schouders

- Ga op je rug liggen met gebogen
  knieën en voeten in steun.
  Vouw nu de handen op het achterhoofd. Trek het hoofd langzaam naar
  voor tot je een lichte spanning voelt in
  de nek. Houd dit 10 tellen vol en ontspan dan langzaam.

Herhaal deze oefening 3 keer.

- Ga zitten op een stoel. Draai het hoofd langzaam rond in een volledige cirkel en houd de rug goed recht. Op plaatsen waar je spanning voelt stop je eventjes om deze beter te rekken. Daarna het hoofd draaien in de andere richting.

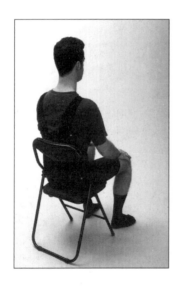

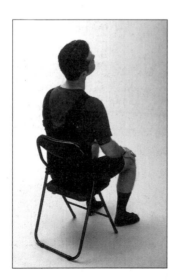

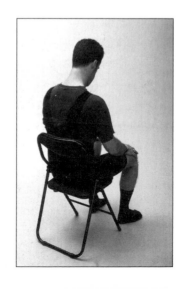

- Ga zitten op een stoel. Neem je rechterarm even boven de elleboog vast met de linkerhand.
Trek nu rustig de elleboog naar de linkerschouder en draai gelijktijdig het hoofd naar de tegenovergestelde zijde. Houd dit 10 tellen vol.
Daarna de oefening doen met je andere arm.

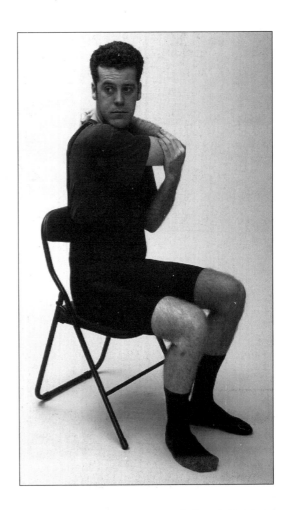

- Ga staan met je handen in elkaar op de
  onderrug. Buig het hoofd nu naar links
  en trek met je linkerarm de rechterarm
  omlaag en naar links.
  Houd dit 10 tellen vol. Daarna de oefening doen met de andere arm.

Schouders en borstspieren

- Ga op een stoel zitten en breng de
rechterarm gebogen achter het hoofd.
Breng nu ook je linkerarm achter het
hoofd en neem de rechter elleboog
vast met de linkerhand.
Trek nu de rechter elleboog rustig naar
achter tot je een lichte rek voelt in de
schouder of achterzijde van de boven-
arm. Houd dit 30 tellen vol.

Daarna de oefening doen met de andere
arm.

- Ga in kleermakerszit op de grond zitten of gewoon op een stoel. Vouw je
handen samen in de nek. Trek de
schouders nu langzaam naar achter tot
je een lichte spanning voelt in de
borstspieren. Duw zeker de nek niet
naar voor. Houd dit 30 tellen vol.

Herhaal de oefening 3 keer.

- Ga staan met de handen in elkaar op
de onderrug. Draai nu langzaam de
ellebogen naar binnen terwijl je de
armen strekt.
Mocht je nog maar weinig rek voelen,
breng dan de armen achter je omhoog
tot je een lichte rek voelt. Houd dit 15
tellen vol.

Herhaal de oefening 3 keer.

- Ga staan, neem een handdoek vast in beide handen en houd de armen gestrekt voor je op schouderhoogte. Breng nu langzaam de armen gestrekt naar boven en ook verder achter je hoofd weer naar beneden. Doe de beweging langzaam en rek niet te ver. Mocht je de beweging niet helemaal kunnen maken met gestrekte armen, dan staan je handen te dicht bij elkaar. Plaats deze dan verder uit elkaar.

Herhaal deze oefening 3 keer.

15 HOOFDSTUK : OEFENINGEN

Een goede lichaamshouding en een correcte manier van bewegen zijn van groot belang om rug- en nekklachten te voorkomen. Een niet correcte houding en slechte spierconditie kunnen oorzaak zijn van rug- en nekklachten, omdat ze spieronevenwicht veroorzaken en je wervelkolom verkeerd belasten.

Borst-, hals-, nek- en tussenschouderbladspieren moeten in een goede conditie zijn om in harmonie te gaan samenwerken om hoofd en schouders in de juiste positie te houden.
Buik- en lage rugspieren vormen, indien ze een goede conditie hebben, een natuurlijk corset.
De dijbeenspieren moet je goed trainen, omdat ze gebruikt worden bij het heffen en tillen.

Goede raad

- Oefen nooit tijdens een acute pijnaanval. De enige oefeningen die je wel mag doen zijn je bekkenkantelingen.
- Vermijd oefeningen die pijn veroorzaken.
- Draai altijd op je zij om vanuit ruglig een andere uitgangshouding aan te nemen.
- De oefeningen die verder beschreven zullen worden zijn speciaal uitgekozen omdat zij je rug en nek minimaal belasten.

- Oefen minstens elke dag gedurende 10 minuten, alleen zo kun je een goede spierconditie verkrijgen.
- Voer niet elke dag dezelfde oefeningen uit, maar stel zelf een oefenprogramma op aan de hand van de oefeningen die hier vermeld staan. Zorg voor afwisseling in je oefenprogramma, anders wordt het veel te vlug een sleur.
- Oefen liefst op een oefenmatje of een dik tapijt.
- Controleer je ademhaling tijdens de oefeningen: inademen tijdens de ontspanningsfase en uitademen tijdens de inspanning.

Spiergevoel

Het doel van deze oefeningen is de werking van die spieren te leren voelen die we nodig zullen hebben om een correcte houding te bewaren.

Rugspieren

- Uitgangshouding: in stand met de rug tegen de muur, maak je nu zo groot mogelijk zonder de hielen van de grond te laten komen. Doe deze oefening 5 keer. De kleine spiertjes die de wervels onderling met mekaar verbinden worden hier geoefend.

Schouderbladfixerende oefeningen

- Uitgangshouding: ruglig, handen in de nek, de knieën gebogen en de voeten op de mat. Druk nu de ellebogen tegen de mat, houd dit 5 tellen vol en ontspan. De oefening 5 keer herhalen. Je zult voelen hoe de schouderbladen naar elkaar toekomen.

- Uitgangshouding: kleermakerszit, handen in de nek. Trek nu je ellebogen naar achter, 5 tellen vasthouden en daarna ontspannen. Oefen ook hier 5 keer.

Opmerking:
de rug en het hoofd goed recht houden.

Buikspieren

- Rechte buikspieren.
  Uitgangshouding: ruglig, knieën gebogen, voeten in steun, handen in de nek.
  Hoofd en schouders heffen en weer
  ontspannen. Herhaal deze oefening 5
  keer.

Voel hoe je buikspieren aanspannen.

- Schuine en dwarse buikspieren.
  Uitgangshouding: ruglig, knieën gebogen en voeten in steun, handen in de
  nek. Hoofd en schouders heffen en
  licht draaien naar links (de rechter elleboog beweegt in de richting van de lin-
  kerknie), weer gaan liggen en de oefening naar rechts herhalen. Doe de
  oefening 5 keer in elke richting.

Bilspieren

- Uitgangshouding: ruglig, benen
  gestrekt. Druk je billen tegen mekaar,
  eventjes vasthouden en ontspannen.
  Herhaal de oefening 3 keer.

Voorste dijbeenspieren

- Uitgangshouding: stand met de rug
  tegen de muur. Buig nu door de knieën, eventjes vasthouden en daarna
  de knieën terug strekken.
  Herhaal de oefening 3 keer.

Bekkenkantelingen

- Uitgangshouding: ruglig, knieën gebogen, voeten in steun.
Buik- en bilspieren gelijktijdig opspannen. Je vlakt hierdoor het lendengedeelte van je rug af. Doe deze oefening 5 keer.

- Uitgangshouding: steunen op handen en knieën (kruiphouding).
Buik- en bilspieren opspannen. Het onderste deel van je rug zal nu afgevlakt worden. Doe deze oefening 5 keer.

- Uitgangshouding: stand met je rug tegen de muur. Buik- en bilspieren opspannen. Je bekken zal weer achterwaarts kantelen.
Houd ter controle één hand op je rug ter hoogte van de lende. Indien je bekken kantelt, zul je een druk van de onderrug tegen je hand voelen.
Doe de oefenig 5 keer.

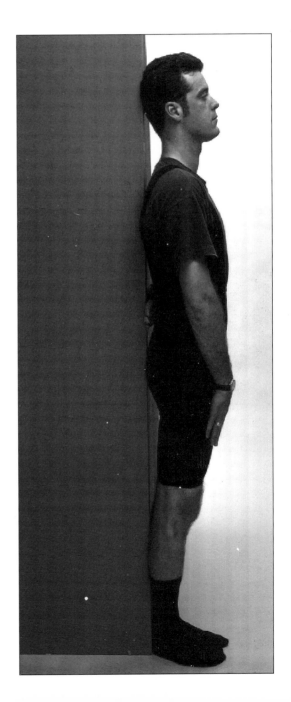

Ademhaling

Je moet leren gedurende de oefening rustig door te ademen en je ademhaling niet te blokkeren.
Adem in gedurende de ontspanningsfase, adem uit gedurende de inspanningsfase.

Voorbeeld:
Ga op je rug liggen met gebogen knieën en voeten in steun, handen in de nek.
Adem diep in. Hef nu hoofd en schouders van de grond en adem tegelijk uit.

Nekspieroefeningen

Isometrische oefeningen:

Hierbij zullen je spieren samentrekken zonder dat er beweging optreedt. Het is belangrijk om elke oefening een tiental seconden vol te houden alvorens te ontspannen. Vergeet ook niet om gedurende de oefening te blijven ademen.
Oefen deze oefeningen zittend op een stoel.

- Druk met je linkerhand tegen de zijkant van het hoofd en probeer dit zijwaarts te bewegen. De druk van je hand moet echter zo groot zijn dat er geen beweging optreedt.
Daarna de oefening herhalen naar de andere zijde. Doe de oefening 3 keer naar elke zijde.

- Breng de handpalmen naar het voorhoofd en probeer je hoofd naar voor te duwen. Houd ook hier de beweging tegen. Herhaal deze oefening 3 keer.

- Druk met je linkerhand tegen de linkerslaap en probeer het hoofd naar links te draaien. Houd de beweging met je hand tegen.
Daarna de oefening herhalen naar de andere zijde. Herhaal de oefening 3 keer.

- Plaats de handen tegen het achterhoofd en probeer je hoofd naar achter te bewegen. Houd de beweging tegen met je handen.
Herhaal deze oefening 3 keer.

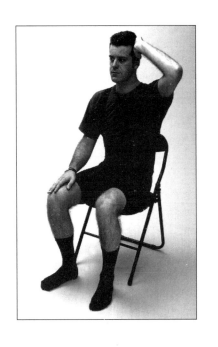

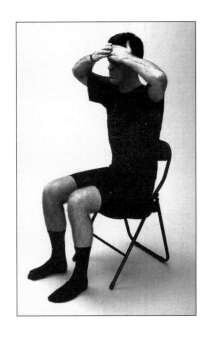

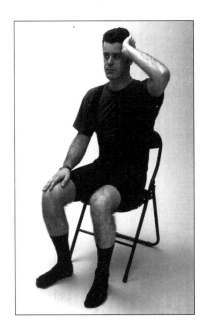

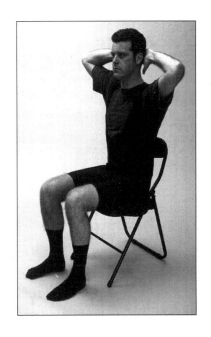

Buikspieroefeningen

- Uitgangshouding: ruglig, knieën
opgetrokken voeten in steun, handen
op de borst gekruist.
Oefening: hoofd en schouders ophef-
fen, schouderbladen komen van de
grond, even vasthouden en weer gaan
liggen. Herhaal deze oefening minstens 5 keer.

- Uitgangshouding: ruglig, benen
gestrekt, armen naast het lichaam.
Oefening: één been op de romp buigen, het gestrekte been iets van de
grond heffen. Buig het gestrekte been
op de romp, strek dan het gebogen
been zonder de mat te raken. Herhaal
deze oefening minstens 5 keer voor elk
been.

Opmerking:
indien je bij deze oefening pijn in de
onderrug voelt, gewoon je been iets
hoger van de grond houden tot je geen
pijn meer voelt tijdens de oefening.

- Uitgangshouding: ruglig, knieën opgetrokken, voeten in steun.
Oefening: knieën langs de borst opwaarts strekken, benen 10 keer sprei-
den en sluiten.

- Uitgangshouding: ruglig, benen opgetrokken, voeten in steun.
Oefening: benen in twee fasen
opwaarts strekken. Eerst de knieën
naar de borstkas brengen, tweede fase
benen opwaarts strekken. Benen ook
in twee fasen neerlaten.
Herhaal deze oefening 10 keer.

- Uitgangshouding: ruglig, knieën opgetrokken, voeten in steun, handen op de
borst gekruist.
Oefening: hoofd en schouders heffen
en draaien, de linker elleboog gaat
naar de rechterknie toe en omgekeerd.
Herhaal de oefening minstens 5 keer
naar elke zijde.

- Uitgangshouding: zit met gestrekte
benen, romp goed recht.
Oefening: hef de armen zijwaarts en
neig de romp licht naar achter. Buig
gelijktijdig de knieën een beetje, houd
het hoofd steeds in het verlengde van
je romp. Weer overeind komen en
benen strekken. Herhaal de oefening
minstens 5 keer.

Rugspieroefeningen

- Uitgangshouding: steunen op handen
en knieën.
Oefening: buik- en bilspieren aanspannen zodat je bekken achterwaarts kantelt, de handen van de mat heffen en
tot kniestand komen. Nadien terugkomen tot handen- en knieënstand.
Herhaal de oefening minstens 5 keer.

Opmerking: tijdens de gehele oefening
blijft het bekken gekanteld.

- Uitgangshouding: kniehielzit met een
rechte rug, armen naast het lichaam.
Oefening: het bekken achterwaarts
kantelen en van kniehielzit overeind
komen tot knieënstand.
Herhaal de oefening minstens 5 keer.

Opmerking: de rug goed recht houden
en het bekken achterwaarts gekanteld
houden gedurende de gehele oefening.

- Uitgangshouding: ruglig, knieën opgetrokken, voeten in steun, armen naast
het lichaam.
Oefening: het bekken achterwaarts
kantelen, achtereenvolgens de billen,
het bekken en de lendenwervels los-
maken van de grond tot je romp, billen
en zitvlak één rechte lijn vormen. Dan
in omgekeerde volgorde weer tot rug
lig. Herhaal deze oefening minstens 5
keer.

- Uitgangshouding: stand met je rug
tegen de muur, armen naast het
lichaam.
Oefening: het bekken achterwaarts
kantelen zodat je lendenwervelzuil
afvlakt. Trek je kin in en maak jezelf zo
groot mogelijk. Herhaal deze oefening
minstens 5 keer.

Opmerking: zorg ervoor dat je hielen op
de grond blijven.

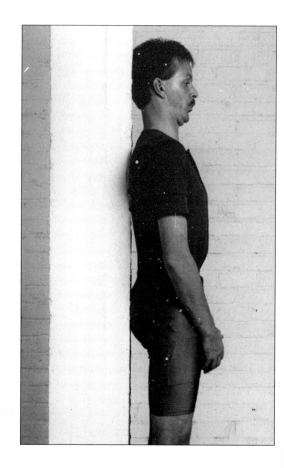

- Uitgangshouding: zittend op een stoel of staande.
Oefening: breng je linkeroor langzaam naar je linkerschouder, langzaam terugkomen naar het midden en dan je rechteroor naar je rechterschouder brengen. Herhaal de oefening minstens 5 keer naar elke zijde.

- Uitgangshouding: zittend op een stoel of staande.
Oefening: laat je hoofd langzaam zakken naar je borst, even vasthouden en dan langzaam werveltje per werveltje terug oprichten. Herhaal de oefening minstens 3 keer.

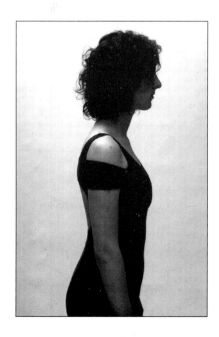

- Uitgangshouding: zittend op een stoel of staande.
  Oefening: maak kleine kringetjes met je hoofd naar links, daarna naar rechts. Herhaal de oefening 3 keer.
  Opmerking: let erop dat je hoofd gedurende de oefening niet te ver naar achter neigt.

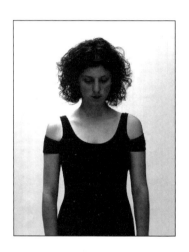

- Uitgangshouding: zittend op een stoel of staande.
Oefening: beide schouders gelijktijdig ronddraaien van voor naar achter.
Herhaal de oefening 10 keer.

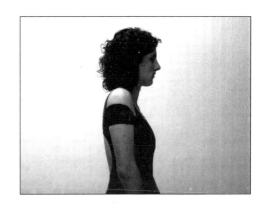

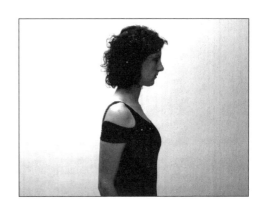

- Uitgangshouding: ruglig, knieën gebogen, voeten in steun.
Oefening: het rechterbeen op de romp
buigen en afwisselend de rechterknie
in twee richtingen draaien, de voet
terug op de grond plaatsen, de rechterknie zijwaarts neerlaten en opnieuw op
de romp brengen. Dan 2 x naveren op
de romp. Deze oefening herhalen met
het linkerbeen. Herhaal de oefening 5
keer in beide richtingen.

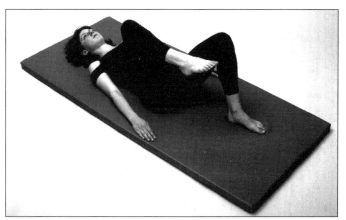

- Uitgangshouding: ruglig, knieën gebogen, voeten in steun.
Oefening: beide knieën naar de borst brengen, vastpakken met beide handen en tweemaal naveren. Herhaal de oefening 10 keer.

- Uitgangshouding: ruglig, knieën gebogen, voeten in steun.
Oefening: pak de knieën vast met
beide handen, schommel van voor
naar achter in één vlotte beweging.
Zorg ervoor dat de voeten steeds de
grond raken. Herhaal deze oefening 10
keer.

- Uitgangshouding: ruglig, knieën gebogen, voeten in steun.
Oefening: breng met de handen afwisselend linker - en rechterknie naar de
borst, tweemaal naveren. Herhaal de
oefening 10 keer met elk been.

Voorste dijbeenspieroefeningen

- Uitgangshouding: ga met de rug tegen de muur staan en plaats je voeten ongeveer 40 cm naar voor.
Oefening: zak nu langzaam naar beneden tot je een zekere spanning voelt in je voorste dijbeenspieren. Houd deze positie een 30 tellen vol.
Opmerking: na verloop van tijd zul je merken dat je dieper kunt zakken (max 90°), langer kan aanhouden en meer herhalingen doen.

- Uitgangshouding: staand en houd je
vast aan een tafel of muur.
Oefening: afwisselend op de tenen en
de hielen staan, even vasthouden.
Knieën volledig strekken. Herhaal de
oefening 20 keer.

INHOUD

NUTTIGE ADRESSEN

BAY- JACOBSON

Invoerder voor België, Nederland en Luxemburg

Bay- Jacobson B.L.
Brusselsesteenweg 240
9300 Aalst
Tel.: 053/77. 28. 63.   Fax.: 053/71. 06. 27.

Inlichtingen en verkoop in Antwerpen

bvba KINERGO
Lange Lozanastraat 214
2018 Antwerpen
Tel.: 03/238. 61. 64.   Fax.: 03/238. 34. 81.

SISSEL

Sissel Belgium
Ambachtstraat 7
3980 Tessenderlo
Tel.: 013/67. 48. 88.

CONVET
Bergveste 20
3992 De Houten
Tel.: 306/341. 750.

Inlichtingen en verkoop in Antwerpen
bvba KINERGO

STOKKE

Invoerder voor België

Stokke
Verhasseltstraat 14
1780 Wemmel
Tel.: 02/460. 06. 39.   Fax.: 02/460. 36. 74.

Invoerder voor Nederland

Stokke
Heuvelpoort 311
5038 DT Tilburg
Tel.: 013/36.81.37.   Fax.: 031/36.78.15.

Verkoop in Antwerpen

Nirwana
Gijzelaarstraat 29
2000 Antwerpen
Tel.: 03/238. 51. 23.   Fax.: 03/238. 15. 64.

ERGOSLEEP DEALERS

België

Aalst 9300	Sleep I.D. Vijverstraat 2-4	tel.: 053/21. 39. 14.
Brugge 8000	Sleepy Brugge Smedenstraat 52	tel.: 050/33. 41. 61.
Diest 3290	Sleepy Diest Koning Albertstraat 57-59	tel.: 013/31. 32. 51.
Eeklo 9900	Bedcenter-Sleepy Stationstraat 98	tel.: 09/377. 90. 34.
Geel 2440	Marcels-Sleepy Nieuwstraat 80	tel.: 014/58. 25. 01.
Gent- Oostakker 9041	Slaapcomfort De Zwaan Antwerpsesteenweg 1124	tel.: 09/355. 98. 01.
Hasselt 3511	Mipolly Slaapcomfort Kuringersteenweg 496	tel.: 011/25. 29. 29.

NUTTIGE ADRESSEN

Herentals 2200	Sleepy Herentals Fraikinstraat 22	tel.: 014/23. 18. 86.
Ieper 8900	Sleepy-Mylle Maarschalk Frenchlaan 47	tel.: 057/20. 11. 80.
Kortrijk 8500	Sleepy Kortrijk Grote Markt 16	tel.: 056/20. 25. 05.
Merksem 2170	De Vries bvba Bredabaan 972	tel.: 03/647. 15. 45.
Mortsel 2640	Slaapcomfort Verhoeven Statielei 72	tel.: 03/440. 65. 25.
Oostende 8400	Sleepy Witdoeckt Gistelsesteenweg 1	tel.: 059/56. 58. 50.
Roeselare 8800	Sleepy Roeselare Sint- Michielstraat 15	tel.: 051/20. 14. 27.
Zingem 9750	De Temmerman pvba Gentsesteenweg 56	tel.: 09/384. 68. 36.

Nederland

Stad	Naam en adres	contactpersoon	
Amstelveen 1185 ZH	Bedden Simon de Bruin Binderij 1 Z	Dhr. de Bruin	tel.: 20/ 6456921 fax.: 20/6479695
Amsterdam 1053 LG	Het Bed Bilderdijkstraat 204-206	Dhr. Donk	tel.: 20/ 6838202 fax.: 20/6122336
Arnhem 6811 HW	Sleepy Nederland BV Nieuwstraat 4	Dhr. Pouwels	tel.: 26/ 4422777 fax.: 26/4428600

Stad	Naam en adres	contactpersoon	
Brummen 6971 GW	Verrij Woninginrichtingen BV Vulcanusweg 1	Mevr. Verrij	tel.: 575/ 563255 fax.: 575/562407
Brunssum 6441 BC	Kohnen voor slapen en wonen Kerkstraat 109B	Dhr.&Mevr. Roos	tel.: 455/ 253535 fax.: 455/253535
De Wijk 7957 AW	van de Belt Wooncentrum Dorpsstraat 40-60	Dhr. van de Belt	tel.: 522/ 441346 fax.: 522/442613
Druten 6651 AR	Megens Interieur Kattenburg 62	Mvr. Megens	tel.: 487/ 512473 fax.: 487/517253
Goes 4461 HH	Sleepy Goes Marconistraat 13	Dhr. Witte	tel.: 113/ 250495 fax.: 113/211240
Groningen 9711 RS	De Beddeslee Oosterkade 6	Dhr. Winkel	tel.: 50/ 3127384 fax.: 50/3189701
Grubbenvorst 5971 BV	Zeelen Woon-en slaapcomfort Lottumseweg 43	Dhr. Zeelen	tel.: 77/ 3661538 fax.: 77/3663438
Hilversum 1211 KG	Het Bed II Havenstraat 25	Dhr. Donk	tel.: 35/ 6280903
Hoorn 1625 NV	Hamex Slaapkamers Dr. C. K. J. Van Aalstweg 11	Dhr. Appelman	tel.: 229/ 246160 fax.: 229/270196
Hulst 4561 AR	Rademakers Steenstraat 23	Dhr. Rademakers	tel.: 114/ 314120 fax.: 114/319383
Maastricht 6211 HC	Kohnen voor Slapen en wonen Bredestraat 28	Dhr.&Mevr. Roos	tel.: 45/ 5253535 fax.: 45/5253535
Oisterwijck 5061 EH	Jansen Interieur Kerkstraat 57	Dhr. Jansen	tel.: 13/5292255 fax.: 13/5282625

Stad	Naam en adres	contactpersoon	
Rijswijk 2289 EX	Droomoord Patrijsweg 34	Dhr. Duyndam	tel.: 23/ 5392614 fax.: 23/5391274
Silvolde 7064 GW	Van den Hurk Woonadvies Dr. Schaepmanstraat 61	Dhr. Van den Hurk	tel.: 315/ 323519 fax.: 315/326228
Stoutenburg 3835 PL	Van Ravenhorst Hessenweg 72	Dhr. Van Ravenhorst	tel.: 33/ 4940844 fax.: 33/4940464
Wervershoof 1693 BH	Megro Slaapwereld S.Koopmanstraat 44	Dhr. Tiethof	tel.: 228/ 583019
Woerden 3446 GK	Beddenhuis Woerden Achterstraat 14	Dhr. Lammerts van Buren	tel.: 340/425447
Zaandam 1506 CN	De Bedstee Vinkenstraat 66	Dhr.Sprangers	tel.: 75/6172329 fax.: 75/6319201

RUGSCHOLEN

Centrum voor Rugreëducatie en Adaptatie
Leopoldstraat 26
2000 Antwerpen
Tel. : 03/ 234. 41. 11.

Rugschool Centrum
St. Gummarusstraat 24
2000 Antwerpen
Tel. : 03/ 231. 44. 46.

Rugschool bvba KINERGO
Lange Lozanastraat 214
2018 Antwerpen
Tel. : 03/ 238. 61. 64.   fax. : 03/238. 34. 81.

Rugschool UZ Gent
De Pintelaan 185
9000 Gent
Tel. : 09/ 240. 21. 11.

Rugschool Academisch ziekenhuis VUB Jette
Laarbeeklaan 101
1090 Brussel
Tel. : 02/ 477. 60. 22.

Centrum Voor Preventie Rugklachten
R. Rinskopflaan 6
9050 Gentbrugge
Tel. : 09/ 230. 56. 65.   Fax. : 09/ 230. 69. 07.

Rugschool Halle
Ninoofsesteenweg 468
1500 Halle
tel. : 02/ 356. 04. 14.   Fax. : 02/ 356. 12. 83.

BIBLIOGRAFIE

Anderson Bob, Stretchingmethode, Utrecht, 1986
Beter Leven, Rugpijn verlichten, Brussel 1994
Bruggeman, Visuele instructie bij primair discogene aandoeningen van de lumbale wervelkolom, Tijdschrift voor fysische therapie, juni 1993
De Wolf A. N., Achter de rug, Houten/Zaventem, 1989
Drevet, Gallin, Martel, Un dos pour une vie, Grenoble, 1987
K. Lanser, De Nekschool, Hardinxveld- Giessendam, 1989
Mink, Van Roosmalen, Rugklachten, Wat doe ik er zelf aan, Oosterhout, 1986
Peterson, Renström, Sport injuries, London, 1986
Brochure Rugschool, UZ Gent
Test Aankoop, Reuma en rugpijn, Verbruikersunie, 1988
Sueson, Reiche, Het effect van stress... , Amsterdam, 1983
Van Kolen, Van Der Wee, Mijn Rug Levenslang, Antwerpen, 1992
Winkel, Informatie voor mensen met rugklachten, Bohn, Scheltema en Holkema, 1988